瞬間

三民叢刊 42

周志文著

三民書局印行

紀念
一些飛去的日子
及夢

自序

周志文

所有過去的事，都曾經存在過。所有現在的事，都會成為過去。發現這個定理，算不上是天才，因為這是個平凡無奇的事實罷了。

但是面對這個事實的時候，很少人能夠保持真正的氣定神閒。我在為本書作最後一校的時候，大部分都不是在校對，而是在發呆。看着剛不久寫的一些評論，裏面的人和事有很多已經遁入歷史，再沉穩的人都可能無法不激動，怎麼這樣地快啊！好像攝影家拍攝花開花謝，把幾天的過程連接起來在幾秒鐘內表現，我發覺我桌面上潔白的稿紙逐漸變得焦黃，上面的字跡變得模糊，一陣風來，碎裂的紙片被吹向腐朽的窗外，化成黃蝶般的，往下飄落。

這是我無法專心校對的緣故。

收集在這本書裏的是近年在《中時晚報》與《中國時報》所寫的評論文章，在晚報出現的有些是「社評」，有些是「時論」，社評是不署名的，時論是署名的，而在日報的，則全是不署名的「社論」。有人認為社論這種文章，形式太嚴格，內容很難發展，其實，報紙的風格是集合了主筆與編輯的風格，在這一點上，《時報》確實是比較接近於 liberalistic，對社論的寫作很少設定限制。自由主義者也有共識，這種共識靠理性來建立，靠尊重來維護，共識不是一個緊箍咒，更沒有殺伐的力量，同時，共識是自然形成的，它在不斷地修正調適，因此，它也在不停地成長。

世事確實變化得很快，這種速度，令人有些難以適應。書名叫做《瞬間》，有一點是受蘇東坡的影響，他曾說：「蓋將自其變者而觀之，則天地曾不能以一瞬；自其不變者觀之，則物與我皆無盡也。」一瞬與永恒，只不過是在不同角度觀察一物的結果罷了。

八十一年七月五日

瞬間

自序 一
第一輯
敬悼錢穆先生 三
軍人應以納稅為榮 五
菲臺關係法 七
戢止海盜 九
薛岳演唱會 一一
軍援美國 一三
是那些「外國」呢？ 一五
扼殺教育的學校 一七

金牌與實力 一九
快樂頌 二一
政治與體育之間 二三
想像 二五
貪婪的島民 二七
中共發表聲明了 二九
扭轉對日依賴關係 三一
順序的問題 三三
高爾夫意識 三五
誰該放棄敵意？ 三七
大隱之中 三九
荒唐的大赦 四一
兩害相權 四三
國思課的反撲 四五
臺灣與科威特 四七

外籍傭兵　四九
佘契爾夫人　五一
優待浪費者　五三
重懲校園毒販　五五
歷史博物館　五七
正義與寬恕　五九
文建會，加把勁！　六一
阿爾巴尼亞　六三
李鵬倒因爲果　六五
文建會的「作業要點」　六七
改革的必要　六九
文化、價値的重建　七一
中東和戰與世局安危　七五
走向「死線」　七七
阿拉伯的觀點　七九

帝國反撲 八一
王丹的審判 八三
如何「安樂死」？ 八五
看李文良自殺 八七
重修教科書 八九
尊嚴地結束戰爭 九一
撤銷註册權的問題 九三
僞造僞幣 九五
戰爭結束了 九七
十億人民學雷鋒 九九
期待中東長久和平 一〇一
樹木與樹人 一〇三
翻修天安門 一〇五
男女合校 一〇七
李福清帶來的 一〇九

違建之國 一一一
面對「媒體統戰」 一一三
看華約解散 一一五
庫德族的悲哀 一一七
兩岸開大會 一一九
拒絕入境 一二一
人道援助無須故作神秘 一二三
孫中山基金會 一二五
停止心戰喊話 一二七
談判的原則 一二九
第二輯 一三一
中國大陸民主運動應該超黨派超畛域 一三三
從速建立進步的文官制度 一三七
從速確定立國方向及大陸政策 一四一

維護教師權利、提昇教師尊嚴　一四五
中國大陸人民的前途何在　一四九
正視選舉爲社會帶來價值紊亂與文化衝擊　一五五
遏阻臺獨言論何須中共恫嚇　一五九
人道理想與人性尊嚴　一六三
人文的肯定、文化的重建　一六七
以整體的觀點積極的行動推展大陸政策　一七三
導正文化政策提昇文化生活　一七九
開放並非唯一的大陸政策　一八三
救救私校　一八九
民主和自由畢竟是別無選擇的道路　一九三
重視東協關係、開拓生存空間　一九九
改進大學課程怎可說是違憲？　二〇三
重振警察風紀，提昇警察形象　二〇七
樹立正確體育觀念制定正確體育政策　二一一

政府應將文化重建列入施政重點　二二五
推行文化復興必須擺脫政治糾葛　二二九
從毒品氾濫透視我們教育的品質　二三三
文化重建是施政不可忽略的課題　二三七
大學聯招是到改革的時候了　二三一
善意與耐心是中國統一的最基本條件　二三五
修訂人文、社會教科書宜順應多元的思潮　二三九
走出二二八的歷史陰影　二四三
高中課程修訂的方向值得肯定　二四七
拓展文化視野、重建文化生機　二五一
中共對臺政策太缺少誠意　二五五
海基會大陸之行仍具有相當政治意義　二五九
中共何能忽視臺灣政治實體的存在　二六三
走出凶殘陰影建立祥和社會　二六七
徹底掃除教育界的害羣之馬　二七一

博施濟衆、移風易俗的典範 二七五
我們應幫助大陸做好水災復建工作 二七九
廢除聯考制度方可建立多元教育體制 二八三

第一輯

敬悼錢穆先生

錢穆先生昨天在風驟雨急中去世了。我們對這位民國以來重要的史學家、重要的文化學者、風骨嶙峋的知識分子表示崇高的敬意。

錢穆先生早歲以刻苦自學成名，曾擔任小學與中學教師，民國十九年，始因顧頡剛的推薦進入大學任教。當時他發表許多有關戰國諸子以至兩漢學術流變考證的文章，奠定他在古代學術史的專業成就。其後所寫成的專著，如《先秦諸子繫年》、《國史大綱》、《中國近三百年學術史》等無不奠基於此時。

民國三十八年大陸變色，中華民國政府撤退臺灣，當時神州板蕩，人心惶惶，正反兩派，均將所有的心思放在政治與軍事的鬥爭上，而錢穆處在飄搖、混沌更甚於大陸及臺灣的殖民地香港，他毅然創辦「新亞書院」，期望以教育培養民族的命脈，以學術找尋文化的生機。他的看法，在四十年後的現在看來，確實是不囿於現實的遠見。但他的學校後來被香港政府整編，和他當年共同奮鬥的同志，或星散陸沉、或因意見不同而分道揚鑣，這件事回憶起來，對錢穆而言，其情緒可能是傷感大於安慰的。

民國五十六年，錢穆在蔣中正總統的邀請下，回國定居，展開他長期在臺講學、著作的生涯。蔣故總統對他極爲尊重，但他從不因這層關係而爲自己謀求福利，他從不結交官員權貴來建立自己的威望，他一直以菲薄的鐘點費及稿費來維持生活，直到蔣經國時代，在力邀之下出任總統府資政，才算有一份固定的薪水；去年，因高玉樹不歸還市府宿舍而牽連出素書樓的產權問題，他自動宣告遷出居住長達二十餘年的房舍，將之歸還市府；峥嶸氣象，至老尤烈。

在一個普遍漠視文化的社會，一個瀰漫著煙霧到處充斥著權力與金錢遊戲的社會，一個孤單的人文學者、一個道德良知一直覺醒著的學者死了。我們爲他悲痛，同時，我們更爲這個所賸無幾的社會悲痛！

79・8・31

軍人應以納稅爲榮

據傳軍方最近發動「一人一信」運動，抗議財政部擬議研議取消軍人薪資所得免稅一事。但財長王建煊表示，不合理的制度應該檢討改正，三十年前所訂的軍人免稅理由已不存在，如果現在還繼續容其存在，「我們就稱不上是一個大有爲政府。」

這一點，王建煊的見解是完全正確的。憲法第十九條規定人民有依法納稅的義務，軍人也是人民，所以依法納稅是其不可迴避的責任。另外，一個進步的現代國家，無不盡力在增加社會福利支出及降低稅率這兩個衝突政策上尋求一個合理的平衡點，不論要增加福利或減低稅率，都須由擴大稅基做起，稅基擴大，國家的稅制結構才能夠單純化與合理化。所以，取消部分人的免稅，增加稅源、擴大稅基，以降低稅率，是現代國家的必然走勢。

有人說軍人捍衛國家，工作危險而待遇菲薄，所以免稅有其必要性。這個問題可從兩方面來解釋：

一、前述捍衛國家的定義十分模糊。廣義而言，有利於國家社會的工作，無不在「捍衛國家」。假如把「捍衛」一詞專用在軍人工作的危機性，則承平時代大部分軍人的工作，其危險性並不高於高速路上的貨車司機，以此要求免稅，並不合理。

二、軍人待遇菲薄的問題，應該在提高合理的待遇上加把勁，而不是以全面免稅來增加其福利；前線的軍人，應加發戰地加給，執行特殊任務，應有特殊津貼，這些加給或津貼可以提高到必要而合理的程度，但一般的薪津，則必須依法納稅。

一個進步的國家，其免稅的對象僅止於「矜寡孤獨廢疾」等亟待同情的「弱勢」團體及個人，軒昂的人民，高傲的職業，是不會以免稅爲光榮的。

79・9・4

菲臺關係法

我國立委訪問團自菲回國，帶回消息說菲臺關係法可能即將由菲國衆議院通過，我國駐菲國代表卻不表樂觀地指出，菲臺關係法牽涉極爲複雜，並非短期內可獲立法，問題在於我國是否願意全面開放外籍勞工，劉達人說：「什麼時候開放，什麼時候就通過。」

前幾天傳出菲臺關係法已成爲菲律賓向我方勒索的籌碼，菲國開口要我方貸款六十億美元，要我方在菲投資加工出口區或工業區，現在又經我方代表的口，要我們全面開放外籍勞工入境，否則免談。

我們奇怪的是，菲臺關係法如果眞的立法成功，帶給我們的益處有限，而帶給菲國的幫助無窮，爲什麼搞到我們提起這個無論從那一點看來都有些窩囊的法案，卻成了求祖宗拜爺爺的模樣！

當年中美斷交，美國主動通過臺灣關係法，不但承諾提供對我軍售、維護臺海安全，而且自始至終，都以一「獨立的政治實體」視我，我們當時還悲憤地不以爲然，遲遲不願承認這個事實。現在卻千方百計地想以貸款、以協助的方式，卑弱地要求菲律賓給我們一個次等的承認；局勢的逆轉，令人慨歎。

當然，面對中共在外交戰場的大賭注，我們的本小利薄顯得寒磣，但本小利薄並不是不能做買賣，這要看你如何利用有限的資本，發揮得好的話，依然大有作爲。

我們的外交官在長年的委屈之下，常常把資本當成負債，明明是人求於我，卻成了我求於人，菲律賓是個典型的例子。我們希望駐菲代表劉達人先生把原來那句話「什麼時候開放，什麼時候通過。」改成：「你們什麼時候通過，我們就考慮開放！」要貸款嗎？可以，「什麼時候通過，我們就考慮貸款！」手上握著錢，千萬不要被人吃掉。至於要將人一軍呢，我們不敢妄想奢求，因爲那需要更高的勇氣和智慧，而這卻是我方外交人員所獨缺的。

79・9・11

戢止海盜

六艘在臺灣海峽中部海面作業的我國漁船，昨天連續遭到一艘大陸海盜船的洗刼，其中「雙祥財號」上的船員莊居興、莊居昌兄弟一度被挾持作爲人質，以對付我海軍軍艦及海關緝私艦的追逐，海盜船上的人員其後將莊氏兄弟毆傷後放回。

這次海上搶刼案，臺灣漁船方面的損失還不算太大，但至少暴露了兩個問題，不容我們坐視。

一是我方海防的破綻百出。這次事件發生的地點是臺灣附近的海面，到臺灣海峽中線還有一段相當的距離，不論依據國際公法也好，國內的海商法、海事法也好，這邊確實是我方的「勢力範圍」，在自己勢力範圍內的漁船被人搶奪財物、綁架人質，海軍不論從那一個角度而言都是沒有盡到保疆護漁的責任。海軍出動了艦艇，卻沒有追上海盜船，更是不可思議，有人責怪海軍艦艇老舊，但卽使老舊，也不當追不上一條僅靠刀棍繩索來搶刼的鐵殼船，海軍追到中線後便停俥，主要是沒有戰鬥意志。上次文山艦撞沉大陸遣返漁船，海難事件至今還沒了結，海軍心情可以想像；國人應警覺，這樣士氣的海軍，這樣心情的海軍，將如何成爲海軍自詡的「海上長城」、維護我們的安全？

當然，一味的指責海軍不但於事無補，也會迷糊了事實的眞相。事實的眞相是什麼？即使一個精明的法學家也無法判斷。原因是臺灣與大陸所發生的事，根本沒有任何可供評判的法律基礎。今天臺灣漁船被人持棍棒刀械搶刼了，我們稱之爲海盜；但臺灣漁船憑藉著較佳的設備，到靠近福建不到三浬的地方掠奪式地捕魚，枯竭了大陸的漁源，臺灣漁民靠著中共假政治爲名的寬容，把走私、販賣人口的罪孽以及性病帶進大陸港口，大陸人也稱之爲海盜；我們平心而論，臺灣海盜比鐵殼船上的海盜強悍多了。

戢止海盜行爲，刻不容緩；但不能僅僅責備他人，或者完全依靠海軍，這一點我們需要深自反省！

79・9・7

薛岳演唱會

歌星薛岳在他預估的最後一次演唱會中，以他憔悴而充滿意志的面容，急切高亢但畢竟是癌症的嗓音唱完最後一首歌。這是一年多來，最令人動容且動心的新聞。

生命的意義，有時必須透過死亡才能充分詮釋。薛岳得了一種被認爲是無望的絕症，他僅能維持可數的短短時間了，當醫生告訴他這個消息開始，他的生命立刻變得深沉而充滿反思。幾乎每一個人遭遇這個命運的時候，都會抱著悲切而不承認的態度，「怎麼會是我！」而當身體器官明顯變化，處處時時印證著醫學的預言之後，只得悻悻地接受這個事實，但依然期望有奇蹟出現。最後發現地心是個永恆的磁場，對你的每寸肌膚、每個細胞都從不放棄他的引力；奇蹟是不可能的了，當你體會寒意從腳趾間慢慢向上蔓延，你不思反抗，反而細想這一生所過的生活，那些是荒誕的、那些是眞實的、那些令人悔恨、那些值得珍惜。當然，當生命消失過後，那些僅存的個人記憶也將消失於無形，但那不是沒有意義的，面對死亡而且安靜接受死亡的人，不但需要勇氣，而且常常是個智者。

司馬遷在〈廉頗藺相如列傳〉後寫下他的結論：「知死必勇，非死者難也，處死者難。」他的意思是，只有勇敢的人才知道死亡眞正的涵義。每個人都會死，所以死並不困難，困難在於如何面對並處理自己的死亡，這需要絕大的勇氣，當然，更需要極高的智慧。一般人被死亡選擇，而偉大的人是自己選擇且安排死亡，對達觀的人而言，死與生其實是一回事，了解死亡的人，必定也善於處理自己的生命。

在薛岳的演唱會過後，我們本來也想像一般人一樣說些鼓勵及祝福的話，如：「薛岳加油！」「戰勝病魔！」之類的，但對一個貞定地面對死亡，已徹底了解了生命意義的人而言，那些祝福的話顯得膚淺而貧血。這是每個人都要走的路，與其逃避，不如以澄明的心面對它。

79・9・18

軍援美國

美國爲制止伊拉克侵略，現在沙烏地阿拉伯駐有重兵，並派出強大的海空軍封鎖波斯灣及紅海，阻止伊拉克從外地得到補給。

一個月來，還沒有和伊拉克部隊對過陣，一個子彈還沒有發，美國已被龐大的開銷給嚇住了。據估計，美國不再增兵，只要維持目前的軍力一天就要花費美金四千六百萬元左右，一旦開火，當然不止這個數字。這個數字對一個超級強國也許算不上什麼，但問題在近十年以來，美國所採用的是「赤字預算」，共和黨政府又要緊縮政府開銷，並將不增稅列爲其基本政綱，在這種情況下，美國政府便只有硬著頭皮向其盟國伸手要錢了。伸手的理由很堂皇，美軍封鎖是執行聯合國安理會的決定，所以聯合國會員國應該支持軍費；美國駐軍阿拉伯半島及海灣，是維持油源與航道的安全，所以得到便利的國家也應該傾囊支援。

這兩天傳出美國利用各種管道向我施壓，希望我方撥供金錢援助的消息；但美國政府一提到有關臺灣問題——儘管這一次是要錢，總脫不了其躲躲閃閃見不得人似的醜態，上回國務卿貝克在國會聽證會時曾提起要向日本、南韓及臺灣尋求支援，但隨後又被國務院發言人否認了，說是貝克個人的口誤。現在傳出我方已決定捐助美金一億元，但是不是把這筆錢交給美國運用，或是捐給約旦、巴林用作救助難民的急需，則政府還沒有作「技術性」的決定。

我們並不反對這筆捐款，作爲國際社會的一員，對國際秩序的維持應盡其一分子的義務。問題在我們的國際秩序到底是指什麼而言，卻是令人百思不得其解。多年以來，我們的國際秩序觀點緊跟著美國跑，美國入侵巴拿馬，明顯違反國際法，我們政府不敢發一言批評。美國當年與蘇聯交惡，我們站在美國這一方，大罵俄共領導人爲「俄酋」，問題是美國跟蘇聯現在和解了，我們竟有些不知所措起來。我們不反對這筆捐款，但希望捐款的決心是發自國際人格的道德自覺，而不是屈從美國的壓力。如果是後者，捐款愈多，愈顯得我們的卑弱。

79・9・14

是那些「外國」呢？

中共「國家主席」兼「中央對臺工作領導小組」組長楊尚昆昨天接見《中國時報》總編輯黃肇松等訪問時指出，中共不排除對臺灣用武，主要是針對「外國」，並不是要打自己同胞。楊尚昆說：「蔣介石先生接收臺灣是根據臺灣是中國一部分的認識去接收的。但現在臺灣的地位仍不穩固，存在著被外國拿去的危險。」

楊尚昆接著說：「因此，才有用武力來阻止臺灣的分裂，這絕不是針對臺灣同胞的，同胞打同胞有什麼意思呢？這主要是針對一些處心積慮要將臺灣拿走的國家而言。」

楊尚昆的說法是不能成立的。首先就語法上說，動武既是針對「一些處心積慮要將臺灣拿走的國家而言」，就應該說：「不排除對拿臺灣的外國動武」，而不是說「不排除用武力解決臺灣問題」。其次，到底有那些國家正「處心積慮要將臺灣拿走」呢？楊尚昆並未指明，只說：「你們應該知道是那些國家，我也不用多說了。」

很簡單，楊尚昆指的是美國與日本。日本曾統治臺灣五十年，美國則從韓戰開始協防過臺灣，但從十餘年前兩國前後承認中共起，便公開聲明「臺灣是中國不可分割的領土」，說他們目前對中國領土有野心，而且「處心積慮要將臺灣拿走」是不公平的，何況，外國既「處心積慮」地要併吞臺灣，在長期經營下所累積的雄厚實力，豈是一句「不排除動武」的口號便能完全解決的呢？

楊尚昆對臺灣的情勢確實有些誤判，他可能以爲臺灣現存的「臺獨」分子依然是受帝國主義外國勢力嗾使或扶持的，他萬萬沒有想到，今天臺灣的某些獨立意識其源起並非來自外國，而是對大陸中共政權徹底失望所致，中共如果不能放棄他僵硬的政治體制和意識形態，則永遠不可能得到臺灣或有見地的中國人的整體認同。另外，楊尚昆的「槍口對外」說，有強烈轉移世人眼光的作用，殘殺自己同胞不容於天地，但抵抗外國侵略則是義正辭嚴，這一點，對已日漸耽於逸樂的國人而言尤須注意。

79・9・25

扼殺教育的學校

臺北市奎山學校據說爲了「維護學生權益」，勒令父母離異的學生退學，他們的理由表面看起來很堂皇，「家庭圓滿，學校教育才有著力點、施展的空間，否則一切枉然。」姑不論這個說法是否正確；而問題在，家庭的事有許多是別人無法揷手的，奎山學校卻要試圖揷手，結果他也還是無法揷手，最後只有極鄉愿地「眼不見爲淨」，把問題家庭的學生退學了事。

他們試圖管他們管不著、也無法管的事已經是個錯誤，他們更大的錯誤在於把他們的失敗嫁禍給自己的學生，他們以道德爲藉口，其實卻極不道德地把無辜的學生活生生地推入死亡的泥淖，雖然他們說：「天下名校至多，捨奎山他去可也。」奎山以他們的「理念」自負，否則不會把自己驥附在「天下名校」的行列；問題是，其他的「名校」如果也同意這個理念，這個學生豈不是眞的死定了嗎？

為了自己的罪愆，甚至為了家庭血統上的罪愆服刑，也許還說得過去，為學校一個荒唐透頂的偏見而犧牲學生，卻怎麼也說不過去。奎山學校既肯定家庭圓滿對孩子教育重要，那麼為什麼要以父母離異的理由來判決學生退學呢？因為「離異」與「圓滿」在定義上並不構成衝突，父母離異的家庭雖然略有遺憾，但並不是百分之百的不圓滿，而由怨偶組成卻堅持不離異的家庭也不見得圓滿。當然，這並不是重點所在。重點是，這個偏見一旦形成便可以任意擴大，如吸菸有害健康，學校可以拒絕家庭成員中有人吸菸的學生入學；單子女家庭多嬌生慣養的習性，不利於施教，學校可拒絕入學……，學校可以依據他自以為有理的見解，敷衍成一大篇教育理論，而結果卻是限制、阻礙教育的普遍施行。他們美其名是從事教育，事實在扼殺學生的教育權；美其名是辦學校，其實在扼殺學校。

幸虧臺北市教育局已決定對奎山學校採取糾正的處分。這不是個行政上的錯誤，而是觀念上的錯誤，一紙公文要想「糾正」並不容易；所以我們熱切想知道這次糾正的結果。

79・9・21

金牌與實力

十一屆亞運已屆尾聲。十天以來，大陸代表團奪得金牌數目已達一百三十四面，日本、南韓，這些原本的亞洲體壇勁旅，目前所得的金牌，卻還不及大陸的零頭，弄得灰頭土臉，怨聲載道，可以想像。而最令人難過的，是我們這次派了四百餘名的龐大代表團，以睽別二十年的心情重新與會，但截至目前爲止，連一面金牌都還沒有得到。

雖然不多，但我們絕對不能說沒有金牌級的選手，例如游泳的蔡心嚴、跳遠的乃慧芳、十項的李福恩、網球的王思婷，其餘女壘、男棒、高爾夫及男子百十公尺高欄、女子四百公尺接力都有奪牌的實力。可是以此標準而言，我們可以說是「全軍皆墨」，我們要問，爲什麼？

老實說，關鍵在於訓練不力、軍心渙散。以李福恩爲例，前七項都還超前，結果竟然在平常拿手的撐竿跳上失手，乃慧芳的決賽成績比他的紀錄竟短了一公尺左右，而蔡心嚴也比平日訓練的成績還差。其餘的選手，幾乎全是馬失前蹄，反而得到幾面銀牌、銅牌的，大多是我們自己預料外的「黑馬」。

可見我們從一年多以前就開始的左營培訓計畫是做得多麼潦草、隨便。這種成績拿出來要想爭取亞運，確實令人匪夷所思，試想，這次亞奧理事會中中共如果眞的大力支持，一九九八年的亞運如期在臺北擧行，十幾天中，臺北的上空盡是高擧的五星旗，耳中充塞的盡是「中華人民共和國」的「國歌」，我們的感受將會如何？

現在又傳出我們代表團領導間不和的消息。張豐緖在對北京表示強烈不滿之餘，也將這次爭取亞運失敗歸罪於李慶華的「失言」，張豐緖決定提前離開北京，而教育部體育司司長趙麗雲和臺北市教育局局長陳漢強已於昨天回國，北京亞運雖近尾聲但還有幾天賽程，可憐的是我們龐大的代表團在亞運失敗的打擊之下，現在又陷入羣龍無首的境地。

軍心渙散、領導無方、不負責任是我們體育領導單位的最大毛病，需要徹底檢討及改進！

79・10・2

快樂頌

十月三日柏林時間凌晨零時，全球屏氣凝神注視黑沈夜空中第一道燃起的煙火，鐘聲四起，帝國議會廣場上千萬雙閃爍著淚光的眼睛，目覩統一後德國的國旗在強力聚光燈照射下冉冉升起。國旗由三種顏色組成，黑色代表意志、紅色代表熱血，而金色代表希望，這三色旗幟的歷史可以追溯到普魯士時代，在此之前已廣爲日耳曼人接受。統一後德國的國歌是海頓於一七九七年所譜寫的C大調弦樂四重奏中的第二樂章主題，這個副題爲「皇帝」的四重奏主題已被奧地利用作國歌將近兩百年了，每個人聽到這個樂段，都想以直立及靜肅來代表心中的虔敬。

慶典的高潮是一個盛大的音樂會，Kurt Masur 指揮樂團和合唱團演出貝多芬第九交響曲的最後樂章「快樂頌」，這時候，原本活躍在臺上的東西德政治領袖都退入人羣，沒有人再注意他們的存在，空氣中瀰漫著夢幻與期待，死亡中的新生，苦難中的快樂，黑暗裏的光明，一幕幕啓示錄與詩篇中的預言在眼前展現……當時的氣氛彷彿是說，今天的兩德統一並不是政治家柯爾、麥哲爾、根舍等人的努力成果，而是在印證一八二三年或一八二四年，貝多芬在譜寫第九交響曲最後一個樂章時所埋下的伏筆。

在臺灣的中國人，不論是統派或者獨派，或者兩者都不是的人，看到這樣的新聞，這樣畫面很難不感慨系之的。兩德統一，沒有一個政權對另一個政權開火，沒有一個政權「漢賊不兩立」地看對方，不但如此，還鼓勵彼此與外界和平、尊嚴的交往，甚至在統一之前，兩個政權還互派大使，互相尊重彼此的主權；看看二三十年前我們在國際間怎樣對待中共，而今天中共在國際間又怎麼對待我們，不由得令人哭笑不得。中共是最早馳電致賀兩德統一的國家，但他對他所謂的兄弟不但隨時擺出宗主的姿態，而且不時以兵刃相向，極盡威脅、屈辱之能事。聽見鐘聲從全德多處響起，全德人民高唱「快樂頌」的時刻，想到中國的前景，心中不但感覺不出任何快樂，反而有些慘然了。

79・10・5

政治與體育之間

爲期兩週的第十一屆亞洲運動會結束了。這次亞運，我們派了龐大代表團參加，但成績極不如意，爭取一九九八年亞運的主辦權又落空，最後弄到代表團領導失和，貽笑彼岸，結果眞有點令人喪氣。

我們代表團得到銀牌十面、銅牌二十一面，總得牌數是與賽隊伍中的第五，但由於沒有金牌，總排名落到第十六名，這一點老實說是運氣不佳的緣故，所以運動員大體上都已盡了力，無須苛責。爭取主辦一九九八年亞運，我們原本抱著相當的希望，但結果卻如冷水澆背，陡然一驚，這是我們體壇的領導人士對中共認識不清，他們不但對中共懷抱著浪漫不切實際的空想，甚至將希望寄託在中共身上，以爲中共會爲我們居間撮合，等到塵埃落定後，又嗟嘆怨尤之聲不絕於耳，這個錯誤的判斷與失態的表現，值得檢討。至於最後代表團領導間相互指責攻擊，既貽笑國際，又影響士氣，確實有不可原諒之處。

事實上最該檢討的不是這些。我們應該藉這個機會來反省一下，我們對「體育」到底抱持的是什麼樣的一種態度？多年來，我們曾批評別人「政治干預體育」，因爲在這個陰影之下，我們總是受害人，但我們是不是也從來不放棄任何以政治干預體育的機會呢？譬如我們的奧委會對推展全民體育並沒有具體的行動，唯獨對推動「兩岸直航」則全力以赴：我們對金牌的渴望並不在於運動員的成績，眞正在乎的是會場正中升起我們的會旗，演奏我們的會歌；我們爭取主辦亞運，不在提昇我們全民體育，而是想藉著亞運讓世人肯定並尊重我們的存在……這些都沒有錯，而且是其他國家做過或正在做的；但我們必須承認一個事實：體育在藉它名義所舉辦的競賽中已明顯的成爲配角。我們表面上極力主張體育的單純化，而其實卻無時無刻不在將泛政治性的八爪深深地扣緊抓牢在體育、在藝術、在一切有創造力與解釋力的人文活動上，這才是眞正的危機之所在。

79·10·9

想像

從一個角度看來，人類歷史的創造者，都是夢想家。孔子周遊列國，只在實踐他「謀閉不興、盜竊亂賊不作」的夢想罷了；佛陀空山修行，旨在證明他夢想中平等與慧慈的世界將會來臨；耶穌捨身十字架，將他以博愛化解人類罪愆的夢想留給他的使徒與後人。夢想總不「實際」，好像斷無實踐的可能，但經過幾百年或者幾千年之後，那個不可能實現的夢想竟成了堂堂的眞理。約翰·藍儂生前曾說：「當我們獨自作夢時，那只是一個夢想；但當所有的人都有同樣的夢時，夢想就會成眞。」

前幾天聯合國紐約的大會堂上，在討論緊張的中東問題時竟十分卽興式地（其實是早經安排的）舉行了一個紀念已故搖滾歌手約翰·藍儂的儀式，當天是藍儂的五十歲冥誕，藍儂生前是風靡六〇年代樂壇「披頭四」的主要成員，也是這個合唱團主導作詞、作曲的靈魂人物。他的遺孀小野洋子致詞的內容脫胎於藍儂一首名叫想像（imagine）的歌曲。她說：

「在紀念藍儂生日的同時，讓我們一起來發揮夢想的力量；夢想樹在大地滋長，鳥在潔淨的天空飛翔，魚在清澈的溪流與海洋中悠游，我們的孩子在喜悅中成長。」

耶路撒冷的哭牆上布滿了巴勒斯坦人的血跡，煙硝和廢輪胎的臭氣瀰漫全城；美國的獨立號航空母艦已穿過荷莫玆海峽，隨時可以進攻伊拉克本土，而巴格達已把芥子毒氣分裝在發射器上，戰事一觸卽發；西方盟國宣言，只要一開火，三天內將摧毀伊拉克的所有生產力；而哈珊的警告是，所有參加與伊拉克爲敵的人都將潰爛、呼吸困難以致痙攣至死。

聯合國在這種氣氛下安排了這麼一個「節目」是不是有什麼居心呢？我們無法猜測。當然，一個歌手的「夢想」是敵不過鋼鐵鑄成的大礮的，也敵不過細菌與毒氣；但這個看似脆弱的夢想一旦成爲大多數人心靈中的良知時，是任何槍礮和毒氣都奪不去的了。我們期望提昇人類靈魂的夢想，超乎生命、永恆存在。

79·10·12

貪婪的島民

第二期臺北市愛心彩券今天開始發售，但從上週六起，臺北市銀行彩券科前就有大羣經銷商漏夜排隊，爲了爭奪位子，時起糾紛。

本期彩券擬發行一千兩百萬張，在臺北市銀行彩券科及八個批購分銷處分別發售，登記的經銷商有七千多人，而彩券科規定每人只可購買五本，每本以五百張計，只能批售給四千八百人，將有兩千餘人落空，所以引得人心惶惶，爭相排隊。排隊過程中，因秩序紊亂，爭吵之聲不絕於耳，偶爾甚至還有動武的情形發生；據聞因銷售的狀況太好，已有黑道介入，未來因「愛心」而鬧出人命來，也不是不可能的。

依臺北市愛心彩券發行辦法，彩券所得百分之六十做爲獎金，百分之六給經銷商及老弱殘胞，百分之九做爲市銀行代理發行費用，百分之二十五由臺北市財政局充實臺北市社會福利基金。而臺北市社會福利基金是個極爲空泛的名詞，增加了彩券百分之二十五的收益，到底將發揮什麼社會福利功能，或者已開辦什麼社會福利事業，別人是無從具體查考的。所以愛心彩券也者，其實是假藉著愛心的名義，所憑藉的是民衆嗜利好賭的貪婪之心，而爲市政府謀求較好的財政平衡罷了！

臺北市的彩券率先發行而大獲利市之後，高雄市頗覺不是滋味，打算在年底之前也發行彩券；臺灣省議會的議員則拋棄了意識型態與程序之爭，快馬加鞭地審議「臺灣省福利彩券發行辦法」，也打算在年底前加入戰團，爲這個外人譏稱的「賭場共和國」的小島增加一條強而有力的注腳。

臺灣人口的密度居世界第二位，但漁船上已沒有什麼臺灣人了，工地裏也沒有什麼臺灣人了。北二高、五輕建廠如須如期完工，必須雇請數千名外來勞工，否則停擺。臺灣人沉迷在不勞而獲頓然的富足中，大家樂、六合彩、股市一波波的打擊，似乎都沒有令他清醒。現在又陷入名之爲愛心的刮刮樂之中，臺灣還有多少本錢可以如此揮霍下去？

79・10・16

中共發表聲明了

中共終於在昨天（十八日）照會日本，對釣魚臺主權強烈表態，聲明「日本右翼團體在釣魚臺列島設置燈塔，是侵犯中國主權。中國政府強烈要求日本政府採取立即、有效的措施，制止日本右翼團體上述行動，並防止類似事件重演。」這個聲明發表得慢了些，而且也許摻雜了其他的目的，但基於維護中國領土，中國人應一致對外的立場，我們仍然歡迎這一聲明。

三年多以前中共與越南在西沙羣島發生「領土糾紛」，越南派探勘船登陸幾個島嶼，中共即以武力驅離，並表示不惜大戰一場的決心，一時南海軍事調動頻繁，火藥氣息瀰漫。當時立法院會中一委員質詢國防部，假如中共與越南眞正爲領土而開戰，我駐南沙的軍隊是否馳援？國防部長鄭爲元回答指出，中共當時軍力部署，尚不須我方援助。鄭氏的回答一時傳爲佳話，因爲那句簡短的言語中包含了許多可衍生的意義：假如中共部署的軍力不足，我們不排除予以援手；假如中共向我方要求，我們不排除予以援手；假如中共部署完備又不向我方要求，我們依然不放棄以精神道義相支援，因為中共不是與我方開戰，而是為中國領土的主權而戰啊！

當然，釣魚臺小到無法駐軍，日本人看臺灣雖總不放在眼裏，而對中共卻不能不顧忌三分，所以在島上或海域發生戰爭的可能性不高。可惜的是臺灣和中共對釣魚臺的「共同認識」卻敵不過日本的事實佔領，假如現在還沒有「紛爭」，就如同默認這個事實，再過二十年，就更回天乏術了。所以應該感謝立委林正杰在這個時候提出這個問題來，逼迫政府表態，感謝臺灣的輿論炒熱了這個話題，逼迫中共表態。有人懷疑中共的誠意，以為這又是謀我的「統戰」；其實中共發表的聲明，可以說是臺灣輿論與民意對大陸「統戰」的成功。在民族大義上，臺灣掌握的本錢並不少，為何每次一談「統戰」便色變呢？

79·10·19

扭轉對日依賴關係

以這次聖火登陸釣魚臺的失敗指責政府無能、軟弱並不完全公正，俗語說「冰凍三尺，非一日之寒」，十餘年前退出聯合國之後，我國外交便陷於孤立，唯一能在國際舞臺伸展的靠經濟，但我們的經濟對日本的依存度又太高，很多掛著「臺灣製造」的產品用的是日本的品牌，而臺製產品能夠行銷世界，又是依靠日本大商社負責推廣、生產與銷售的生死牌全抓在日本人手裏，要強硬，就無論如何也硬不起來了。

我們與美國的貿易，儘管長期以來有鉅額的盈餘，但一有不公平待遇，我方依然據理力爭，還顯得不亢不卑；可是對日本就不然了，對日貿易，我們手上的永遠是赤字，去年逆差已破八十億美元，今年將直逼一百億，可是我們與日方的談判，從來沒有「理直氣壯」過。非但如此，日本人在我們身上拿走一百億美元，卻正眼也不瞧我們一眼，日本政府從不正視臺灣的事實存在，民間控制的報紙和新聞，除了報導臺灣人販毒，日本人在臺失蹤等醜聞之外，不刊任何有關臺灣的消息。上個月傳出我國將援助中東受災國家一億美元，在立法院鬧成軒然大波，但我們卻「不聲不響」地每年給日本八十到一百億元。所以指責政府軟弱、無能是不很公平的，因爲這是長期以來的「困局」。

現在把「保釣」的事鬧起來，整體上而言是好的，因爲如果現在不鬧，中共也不鬧，等日本正式把燈塔建起來便等於默許日本的佔領權，那時再鬧就來不及了。另外，藉著這個機會，讓我們發覺對日關係薄弱的自主性，看看有沒有法子眞正的自立自強一番？在此刺激之下，政府與民間應該協力合作，擬定一個十年計畫，力求經濟上對日本的依存度減低，十年後成爲一個絕對能夠掌握自主權的國家。

儘管對日關係，短期間還無法調升我們的籌碼，須要作長期的努力，但不是說我們就應該溫溫吞吞地，一步步地走著瞧，或者什麼事也不幹，就像外交大員們在緊張時刻依然在高爾夫球場上揮桿一樣！

79・10・23

順序的問題

二十一日聖火登陸釣魚臺的行動雖然受阻失敗，但這項行動激起民衆反日愛國的情緒，也連帶提供我們社會一個深切反省的機會，反省的內容包括長期以來失敗的中日交涉，看到我們的貿易大國其實是由「日光曲射」出來的龐大影子罷了，如果沒有日本，我們還是侏儒呢！我們在反省中看到了一些平日看不到或者不想看的事實，對我們社會未來的發展應該有積極的作用，所以這次失敗的行動，仍然是有價値的。

令我們不知所措的是中共在十八日與二十一日各發表了一篇重申釣魚臺爲中國領土主權的聲明，這一做法引起我們社會相當分歧的看法，有一派對中共這一個「統戰陰謀」深懷憂懼，引發出一個問題是：假如日本被我們逼急了，與中共談判，把釣魚臺「交還」中共，那我們豈不更慘了！由這個看法引申出他們的建議：對日本不妨軟弱一點，千萬不能讓中共的陰謀得逞！

持這個見解的，假如是市井小民那也就算了，但問題是我們的官員在行動中不時透露出與這個相同的看法，所以他們口口聲聲要謹愼、要多作計畫、要「相忍爲國」，絕對不要墜入敵人的奸計之中。

現在讓我們思考這一個問題：日本如果不把釣魚臺交還我國，而將之交還中共，我們的立場到底如何呢？

我們不否認中共是我們的敵對者，他對臺的陰謀確實嚴重，但我們以爲對釣魚臺的立場應該基源於國家主權和民族精神。這應該是我們理想的順序：第一日本將之交還我中華民國，第二是日本將之交給中共，我們最不願的是日本將之劃爲版圖。能拿第一當然最好，不得已拿第二也還可以，因爲那畢竟還是中國的領土，如果爲了避免拿第二而選擇第三，那就眞是喪權辱國，莫此爲甚了，不但不見容於全體國民、世界僑胞，而且也貽羞子孫。

政府在處理此事件中，確實有難處，但基本原則依然應放在國家主權與民族精神上，千萬不可因權宜之計而背離基本原則。

79・10・23

高爾夫意識

區運聖火船受阻於釣魚臺海面的時候，我們政府重要的官員幾乎都在高爾夫球場上。保持身體健康、頭腦清醒，休閒運動對任何人都是必要的，所以到球場揮桿並沒有什麼不對，何況那天是星期天；立法委員以「狗官」、以「賣國賊」來稱呼打球的官員，是絕對不正確的，外交部長以嚴峻的態度、鋒利的言詞回敬對方的攻擊，其立場值得體恤。

但是，有這麼多的官員、有這麼多運動的項目，爲什麼大多數的官員只對高爾夫情有獨鍾呢？選擇慢跑不是很好嗎？游泳、登山、國術、柔道，還有其他說不完的球類運動，都對健康身心、舒緩情緒有幫助，爲什麼獨獨選擇高爾夫？

大陸上把高爾夫翻譯成「高爾富」，一字之差卻盡得風流，它是一個極其貴族化又充滿強烈「階級意識」的運動項目，它需要景觀極好而範圍極大的起伏草坪，小者二十公頃，大者可以達到一百公頃；這麼大的土地可以建爲幾個大規模的體育館，容納幾百上千的運動員，甚至上十萬的觀衆，而在廣袤的高爾夫球場上，卻只能容許幾個人在那從容不迫，極其優閒的揮桿，後面跟隨著一羣背著特殊裝備的「桿弟」，亦步亦趨地隨時提供服務。高爾夫不只提供運動，它同時提供睥睨羣倫的尊嚴，所以它是高貴的運動項目。臺灣在禁建高球場之前，一張高球會員卡便賣到兩百萬元，禁建之後，當更不只此數，擁有一張鄉村俱樂部的會員證，即代表已躋身名流；但代價除了昂貴的金錢之外，還必須把自己封鎖在高高的圍牆、森嚴的警衛和遼遠的草坪之中，你選擇了一個，必須捨棄另一個，這一點是無法妥協的。

這是個民主的社會，官員和平民一樣，有權在閒暇時選擇他喜愛的運動，就是昂貴亦無不可，只要花的是自己的錢。但就因爲是民主的社會，大批官員都選擇這個怎麼說也不平民化的運動來活動筋骨、舒展身心，自陷與「民意」脫節的孤絕環境，這一點無論從那個角度看起來，總是有些不搭調！

79・10・24

誰該放棄敵意？

最近在一項有關兩岸文化交流的政策開放措施座談會上聽到與會人士的高見，深以爲幸。與會專家學者，多主張儘速開放大陸新聞記者來臺採訪，至於是否具有共黨黨員身分，在兩岸關係法尚未頒布施行之前，可以特案處理。這個意見，獲得與會者絕大多數的贊同，大陸既開放臺灣記者前往採訪，並提供各項協助，我們沒有理由不相對地開放大陸記者來臺，這是基於平等互惠的公理；對於共黨黨員身分之有無，我們實不須過於敏感，共產黨依法是非法政黨，是叛亂團體，但「中華人民共和國」更是僞政權，更是不折不扣的叛亂團體，我們既能接受拿僞政權護照的人民，卻不能接受其共黨黨員的身分，其實是糊塗中的聰明、聰明中的糊塗。

但與會學者中有一提出「後冷戰年代」理論，認爲我方在大陸政策上應該降低或放棄敵我意識，換句話說便是放棄對中共的敵意，這個看法我不以爲然。我們可以實際的善意行動消除對方的緊張，勸他們同意雙方同時放棄敵意，但對方如堅持不放棄，我們也不能瓦解了自己的防備，這不是指人民對人民、親人對親人，而是指政府與政府間的事。中共對「中華民國」不僅敵視，因爲「敵」字還有對的意思；在中共的觀念裏，他根本沒有對手，「中華民國」自一九四九年之後便全然地消滅了；他不但不給中華民國任何國際生存的空間，而且根本否定中華民國的國際人格，什麼都可以退守，任何都可以放棄，唯有這一條「原則」是中共念茲在茲，絕不動搖的。因此，除了我們放棄我們的國家名號，甘心做中共治下的一省，否則要求自己先放棄敵我意識，是不切實際又極端危險的。

以文化政策爲大陸政策的核心，以民族意識、同胞愛爲出發點制定大陸政策是對的，但兩岸目前敵對的形勢，確是不可否認的現實。要消弭敵意須雙方共同努力，勢力大的一方，尤須表現仁者的胸襟；我不贊成升高緊張，但降低敵意甚至放棄敵意，應該先要求中共，這一點，大概是合理的。

79・10・30

大隧之中

英法之間的海底隧道終於初步鑿通，雖然打通的只是一條直徑五公分的小洞，卻使數百年來連結英國與歐洲大陸的夢想，推向實現的可能。

當然，並不是每一個人對消除地理的鴻溝、打通人心的隔閡懷抱著同樣的夢想的。幾次大戰爭的發動者都是歐陸的統治者，英國就靠著這個天塹作爲最後的屏障，免於遭到拿破崙希特勒大軍的蹂躪；第二次大戰，英倫三島是歐洲唯一未淪陷的地區，在德軍的輪番空襲轟炸之下，倫敦幾成焦土，但她依然屹立不搖，成爲歐洲唯一不熄滅的自由燈塔。一九四五年，她更提供海港和基地，集結聯軍，給已露敗相的德軍最後一擊，終於在不到幾個月的時間內，沒有遭遇到什麼負嵎頑抗的情況下光復了歐洲；這是英國人津津樂道的光榮，而這份光榮卻與這條波濤洶湧的海峽息息相關。

英國毫無疑義的是歐洲的一分子，但卻時常在行爲上自外於歐洲，他們孤絕、自傲，經常故意避免和歐洲大陸雷同，不論在政治上、哲學上、藝術上，他們往往選擇別人看來比較奇異的表現方式，或者在別人一窩蜂選擇奇異的時候，他們又堅持既有的某些的傳統、保守、刻板和憤世嫉俗。這是海明威在「失落的一代」中對英國人的批評，現在看起來，好像還很正確。

但，無論怎麼冷凝、孤絕的行徑，恐怕也無法阻絕與人溝通的大勢所趨吧。世界已在逐漸步入大同的境地，超乎有形的藩籬，進入靈魂的契合，看似遙遠，而實現確乎有期。拜現代科學與工程之賜，這個冰河以來的天然阻絕就要被人類的智慧與意志完全打開，《左傳》記鄭莊公在隧道中與生母姜氏會面的情形，莊公賦詩說：「大隧之中，其樂也融融。」他的快樂，在於他在隧道中除去了偽裝的外衣，與母親赤誠相見。兩千七百餘年後這條貫通英法海峽的隧道，但願也給人類帶來一個新的啓示。

79・11・2

荒唐的大赦

無論從那一種角度來看，政府打算在明年實施「大赦」是一個相當草率、荒唐的決定，所以當法務部「建國八十年減刑條例草案研擬小組」剛剛成立，就遭到許多問題的「困擾」。例如該小組昨天與司法院、國防部等單位會商，將涉及恐嚇取財罪與觸犯槍砲彈藥刀械管制條例者，不列入減刑範圍，原因是這兩種罪犯，嚴重危害當前治安。我們建議該小組繼續和財政部、經濟部等會商，將可能得到以下的結論：經濟罪犯和地下投資的主持人以及前科累累的票據犯，也應該排除在減刑範圍之外，原因是他們嚴重破壞國內經濟秩序、傷害金融信用、對社會動亂造成負面的影響。小組如繼續與其他單位會商下去，減刑的範圍會更加縮小，譬如惡性重大的流氓、搶奪犯和色情犯，尤其是最後一種人犯，堅決主張「去勢」的婦女團體對他們是不可能輕言放過的。

如果這樣一件件地「抽絲剝繭」下去，最後大赦變成了「特赦」，享受減刑優惠的只有一兩個人了。這並不是說我們不贊成大赦，以上的敍述，只是突顯這次大赦的決定是多麼草率和荒唐罷了。

我們看不出其中的任何理由，爲什麼要在建國八十年實施減刑呢？因爲八十是一個吉祥的數目罷了，那麼九十年也須循例實施，民國一百年更不能放過；除此之外，依據道家及數術家的說法，七十二與八十一乃是最具象徵意義的「天數」，如果在這數目上做些「順天應人」的舉措，則可能富厚累世不絕。所以只要我們願意，從八十到一百年，我們可以輕易地找到十個以上的數目，賦予充分的理由而實施大赦。但令人無法不悲觀的是，這個厲行法制的現代社會，又遁入一個迷信恩赦的皇權神話之中，這個講求科學管理的現代社會，又跌入一個迷信讖緯法力的神權意識之下，彷彿兩千年前陰陽家流行的時代一樣。

如果不能放棄這木已成舟的大赦計畫，我們希望這個減刑法案是中國法治史上的最後一次荒唐的紀錄，以後不再出現了！

79・11・6

兩害相權

財政部六日開會決定，爲避免助長社會的賭風，各式的福利彩券應即刻停止發行或不予發行，刻正發行中的臺北市愛心彩券，則等其已發行的第二期兌獎後立卽停止。至於對殘障同胞的福利保障，會中也決定應由政府寬列預算，或以其他方法妥善予以照顧。

中央是否有權「叫停」地方政府的籌款政策，現在還在爭論之中，但財政部六日的決定，想必事先已知會了地方政府，並得到回應，這可由宣佈後彩券「大戶」黃大洲及將要成爲「大戶」的余陳月瑛答允大力配合上看出來。這兩天，彩券業者、部分地方民意代表，還有相當多的殘障人士透過議會及媒體發表意見，以爲中央的決定太過突然；殘障人士更抱怨，停售彩券，不但使得政府未來照顧殘障的福利措施大打折扣，並且使他們的生活立刻遭受打擊。

這確實是兩難的事。停售愛心彩券帶給殘障朋友的傷害是不可否認的，但社會因這個名義上稱作「愛心」的彩券而付出了過多的代價，使得社會瀰漫一片賭風，貪婪的氣息席捲全島；表面上熱絡的經濟活動，帶給社會的不是凝聚力，而是渙散的、腐蝕的力量，這個結果，其實在彩券發售當天卽可見到。以這麼大的社會資本來換取部分殘障同胞的就業機會，以社會崩解的代價換取未來對殘障同胞的些微福利，是得不償失的，因此，中央這個斷然的決定是兩害相權取其輕，我們支持。

對於照顧殘障朋友的生活，我們認爲是政府刻不容緩的責任，政府今後必須加強對殘障同胞的職業教育，並經立法入手，嚴格要求公、民營機構聘雇殘障同胞的法定比例；另一方面，在優生保健上多作研究努力，避免殘障者增加，是更積極的辦法。但政府和民間要以這次彩券爲龜鑑，任何利用民衆賭博、投機的心理來籌措福利經費都是不可行、不應行的。不可行在於它雖籌到了經費，而社會已瀕於瓦解的邊緣；不應行則在於某些道德行爲必須藉著不道德而實踐，邏輯上就是個錯亂。

79・11・9

國思課的反撲

昨天是國父誕辰紀念日，一羣由國父思想學者及教師發起的「國父思想課程之回顧與前瞻」學術研討會在臺北舉行，與會學者與教師在會中慷慨陳辭，探討國思課程遭「污衊」的前因後果。他們認爲，爲消除國人對國父思想的誤解，決定自立自強，加強國思學術研究，並呼籲教育部決策官員正視國思課程不可替代性，勿以「憲法與立國精神」課程取代。

我們對與會學者決定自立自強，加強國父思想學術研究表示敬佩，雖然這個決心下得晚了一些，而且動機也不是那麼純粹，但研究學術畢竟是好事。可是對他們的第二個決定，便期期然不以爲可了，他們說要加強學術研究，原來只是一層煙幕，「項莊舞劍，意在沛公」，他們擔心將來「憲法與立國精神」取代了國思課程之後，他們將頓失所依，所以這個表面上維護國父思想的集會，其實還是在飯碗的問題上打轉罷了。

什麼是「國思課程的不可替代性」呢？一個由原來的「政治教育」延伸出來的課程，在社會已進入多元，民智已開發到相當程度的狀況之下，還有什麼「不可替代性」呢？一個百分之五十幾的學生投票認爲「無價值」的課程，一個百分之三十四的學生在十堂課中蹺課五堂以上的課程，還有什麼「不可替代性」呢？我們列舉這個令人痛心的數字，不是說國父思想的不夠博大精深，而是指這個課程因爲長久以來一直爲政治服務，使得這個課程只剩軀殼而缺少精神，對政府甚至對國父都形成了實質的傷害，這樣的課程，有什麼「不可替代性」呢？

我們不反對國思課程，也不認爲這個課程缺少學術價值，將這課程放在政治系、社會系或者哲學系列爲選修或必修課程是妥當的，必要時，列爲全校選修課程也還可以，但列爲全校必修，所有考試列爲必考都是不當的。形式上的至高無上和孤行專斷對這課程所造成的傷害已深，現在是紓解的時候了，希望研究國父遺教有成的學者教師，也有此體認，有此胸襟。

79・11・13

臺灣與科威特

這兩天，國防部公布了以往被列爲「軍事機密」的中共軍事概況，與我方比較，確實大小懸殊，不成比例，加之陳履安部長在立法院報告的題目是「伊科戰爭對中共犯臺可能產生的影響」，一時間，使臺灣全島籠罩在一片戰爭的陰影之中。伊拉克在短短不到兩天的時間內，佔領富庶的科威特，引起了全世界交相指責，嚴詞反對，聯合國通過決議予以制裁，多國部隊已增兵至三十餘萬。但直到今天，伊拉克猶毫無退讓的跡象。比伊拉克強大十倍的中共，打著內政的旗號來處理臺灣問題，恐怕比伊拉克併吞科威特便利許多，至少所承受的國際壓力不會太大，這是臺灣居民所耿耿於懷的。

對臺灣社會近年來各項「發燒」的現象，這項公布應有退燒降溫的作用，原來臺灣是十分脆弱的，禁不起自己這麼地消磨折騰。適當的敵我了解、憂患意識是必要的，它使自己清醒冷靜，唯有清醒冷靜才足以應付已來或將來的危機。而因了解中共的實力與併吞臺灣的決心之後，以爲天之將傾，惶惶不可終日，也是不需要的，臺灣雖然拿來和科威特相比，但臺灣究竟不是科威特。

臺灣的財富不如科威特，但臺灣的財富比科威特的多元，沒有一項產業因受制於人而使大局立陷困境；臺灣人口與大陸不成比例，但兩千萬人口比伊拉克更多，絕對是個不可侮的力量；臺灣在國際政治社會也許沒有太大的發言權，但對中國大陸而言，絕對不是弱者，只要善予運用，手中的籌碼極多，任何「高招」都足以扭轉局勢，所以在總體的對抗中，臺灣不見得必是輸方；何況臺灣海峽猶如天塹，並非如科威特的無險可守，中共任何大軍集結，臺灣均可事先偵得，以純粹的戰爭手段奪取臺灣，中共的力量顯然還是不足的。

臺灣社會須冷靜，但不須恐懼。恐懼可能造成兩個結果，其一是人口財產大量外移，使臺灣成爲眞空；其二是擁立一個外表看來強而有力、效率極高的軍事政權，約束自由、限制民主，使臺灣對大陸可用的籌碼「歸零」，那才是眞正的危機。

79・11・16

外籍傭兵

一位立法委員昨天在「就業服務法」草案討論會時表示，一旦中共犯臺，國內兵力勢必不足，他建議在該法增列戰事爆發時主管機關得引進僱用外籍傭兵一項，以增強我方戰力。

中共的軍力絕對是我方的十倍以上，這不僅是指數量上言，以質量上而言，我方亦遠遜之。舉實例：中共早已能夠自己設計、製造戰鬥機與轟炸機，我方的IDF戰機還不知何日方能問世，何況機上的雷達、發動機及飛彈全數仰仗美國供應；中共已能製造核子潛艇，並可以從海底發射攻擊性的飛彈，而我海軍猶以四十餘年以前下水的驅逐艦為主力；中共的陸軍更以百萬為計算單位，……如此看來，無論從任何一個角度，我方均不是中共的敵手。

興起僱用外籍傭兵的構想，可能基於我不如人的顧慮，但問題是，即使僱用了外籍傭兵，也無法改變這個敵我懸殊的事實。三十餘年前，非洲民族紛紛擺脫殖民統治，原宗主國當時無法出兵或無力出兵，只好僱用一些殺手式的外籍軍人，保護其殖民利益，法國和葡萄牙都用過這種方式；英國僱用尼泊爾軍人正式編組成外籍兵團，參加戰鬥任務，頗有名聲，但也是二、三十年前的事。現今世上，已經少見外籍傭兵了，並不是說那些有錢的大國僱不起，而是不論從那一個角度而言，外籍傭兵都有點名不正、言不順的味道。

臺灣在戰況危急時能花多少銀子請傭兵呢？即使組成了一個師的傭兵部隊，對保衛臺灣能發揮多少力量呢？這些都是比較外緣性的設想，從核心上探索這事的本源吧，我們會發現我們的社會事實上早已陷入相當嚴重的危機之中，並不是中共什麼時候開始打臺灣，或者決定用什麼方式打臺灣的問題，而是在這個島嶼上的民衆已經在目眩神移的經濟奇蹟中迷失了自己，在金錢萬能的潛意識中根本放棄了自己對社會的責任。臺灣的漁船上已經沒有多少臺灣的漁民，工地裏已很少臺灣的工人，現在又打算把保衛自身安全的責任交給外籍傭兵，這一點，滔滔的雄辯家也無法辯稱這是個樂觀的現象吧！

79·11·20

佘契爾夫人

英國首相佘契爾夫人昨天以正式文書「禀告」女皇，表示無意再度參加保守黨黨魁的競選，並且在新黨魁選出後，辭去首相職務。雖然目前保守黨的新黨魁尚未選出，她依舊是女皇「欽命」的首相。但事實上，她等於已經辭職了。

這位打破英國傳統，第一次以女性入主閣揆，並連續執政達十一年半之久的傳奇人物，在前途雖有風險，但還不致絕望的情況下突然宣布辭職，令人完全覺得意外。本月二十日保守黨黨魁第一回合選舉，她以四票之微，未能順利當選，但超過對手前國防大臣赫塞亭尚有一段距離，她沒有理由沮喪氣短，因此前天，她從巴黎歐洲安全暨合作會議趕回英國後，隨即再度登記爲黨魁候選人，並撤換手下的選務幹事長，積極布置，誓言奮戰到底。可是一天以後，情況有了大逆轉，一些國會議員表示將倒戈支持赫塞亭，她的閣員也警告她再度披掛上陣的絕對勝算不高，加之反對的工黨議員不斷叫陣，要求解散國會進行改選，而民意調查也顯示她的聲望正跌入谷底。她盱衡情勢，不得不作這痛苦的抉擇；她如不能順利當選黨魁，則這次選舉勢必造成保守黨的分裂。保守黨分裂了，勢必無法阻止反對黨的解散國會要求，此刻舉行國會議員選舉，保守黨勢必將執政權拱手讓人；她不能以個人的成就耽誤保守黨的成就，因此，她毅然決定辭職。

當然，說她完全是公而忘私也不正確，原因是她在目前要顧全一己之私也力有未逮，這是政黨及議會政治已運用得極爲圓熟的英國才能達到的境界。佘契爾夫人的堅強、果斷是有名的，否則不會得到「鐵娘子」的綽號，她在處理內政或外交事務中經常顯示她的鐵腕手法，對「異端」和敵人，她從不放棄主動出擊的態勢，一九八二年與阿根廷的福克蘭之役是最好的說明。但現在，當她的黨和國家正遭遇可能分裂的危機時刻，她卻選擇悄然引退的方式，以顧全大局；自動交出權力的政治家固然需要智慧和勇氣，而更可貴的，可能是具有一些人道主義者胸襟及一點點藝術家的氣質。

79・11・23

優待浪費者

經濟部國營會已與國防部達成初步共識，將對現行軍眷用電優惠辦法進行修訂，取消一千度以上電費折扣優惠部分；但國營會所提降低現行八百度以內之電費優惠標準的提議則未被國防部接受。

根據現行「軍人及其家屬優待條例」的規定，軍眷用電可享優惠折扣，優惠辦法分為三段式：每月八百度以下為五折，八百零一度至一千五百度為七折，一千五百零一度以上為九折，總計臺電公司因軍眷優惠折扣而損失的電費每年達七億元。

這個三段式的優惠辦法訂在第二次能源危機之後，在此之前，軍人及其眷屬的電費不論度數一律五折優待。四十年前，訂這個優惠條例可能有不得已的理由，軍人待遇菲薄，不足仰畜之所需，軍人隨時會為國捐軀，所以優惠折扣辦法一半出自尊敬、一半出自同情，更重要的是那是個大家長主宰一切的時代，大家長說應該優待，則不管這個優待條例是不是公平、是不是合乎經濟原則，臺電公司卽使不甘，也得承擔下來。

今天，這個社會已經進入多元、講求公平的時代，大家長宰制一切的力量已經式微甚至消失。軍人的待遇和公務員的待遇已經不分上下，爲何軍人可獲電費優待而公務員不能？這是明顯的不公平。軍人及軍眷可以享受廉價的供電，因而大量消耗原本不會消耗的能源，譬如軍事單位和軍眷家庭採用電爐、電熱水器十分普遍，那些設備耗電量驚人，但因爲「優惠」的關係，付出的成本反比其他的低廉，因此，優惠電費，事實在鼓勵浪費能源，這可由一般用戶每月平均用電二百五十度，而軍眷用電卻達三百一十度看出，這個優待辦法，顯然不合經濟原則。

軍人待遇偏低如果是事實，應該依據合理的方法，調整其待遇，不應從免稅、折扣、優惠其生活費入手，因爲一個人享受優待，其成本必須由別人負擔。在現在的社會，優待已不是光榮，希望國防部也有此認識。

79・11・27

重懲校園毒販

安非他命及各類毒品侵入校園事件最近越鬧越大，引起行政院長郝柏村的嚴重關切。郝柏村在昨天的行政院院會中指示教育部及衛生署應負起責任，防止各類毒品污染校園，並向社會各界廣爲宣導，以維護青少年的健康。

郝柏村關切青少年吸毒事件，令人在絕望之中感到一絲欣慰，但他的「關切」太表面化了，因爲他提不出什麼辦法來，他唯一的辦法是要學校老師效法國防部當年查禁軍中毒品的「手段」，這手段說起來也稱不上高明，就是隨時檢查學生的書包，以了解學生是否帶有安非他命。

這個「辦法」，其實算不上什麼辦法；這個「手段」，其實也算不上什麼手段，但政府的能力似乎僅止於此，說起來，也眞令人傷心。前幾個月，黃色刊物流行，政府官員也要求老師搜查學生書包，看看能查出多少色情書報出來，這一點，就放牛班的學生也覺得愚不可及；試想，要看色情玩意兒，誰會膿包得把它放在書包裏，帶到課堂上來呢？離臺大校門不到五十公尺的羅斯福路上就有一大片的電動玩具場，花十塊錢就可以試試運氣，在幾分鐘以內將一個妙齡女子的衣服脫光，電玩場門口雖然貼著未滿十八歲不能進入的告示，但裏面充斥著國中、高中學生；色情的東西，還須放進書包、帶進學校嗎？

同樣，學生吸食毒品，豈會堂而皇之地帶到學校？帶到學校又被查到，那又怎樣？依照現行的校規，就是記大過十次也不能將他退學；就是退學，那又怎樣？他可以更墮落地走入黑道，爲原本多事的社會製造更多的問題。

校園毒品氾濫的問題確實是嚴重而棘手，要解決它，政府可做的事還是很多，但不是命令教師檢查學生書包就能奏功的。首先要加強教育，要讓學生知道毒品的可怕，從而自覺地與毒品劃清界線；另外，政府應強力動員司法及警察的力量，禁絕毒品的來源，依現在的法律，對製造、販賣或持有毒品的人處罰不可謂輕，但我們建議，對販毒給青少年的罪犯，可以訂定更嚴峻的刑罰，使利慾薰心的毒販，不敢打青少年的主意。這可說是釜底抽薪的辦法。

79・11・30

歷史博物館

國立歷史博物館今天三十五歲了。

這個座落在南海路一隅，四周爲植物園的綠蔭所掩的博物館，可以說是臺北市朝向現代化發展的一個縮影，本身就具有強烈的「歷史」意味。三十五年前初立的時候，只有一幢日式的、外表黝黑的房子，陶俑和古錢在照明不夠充足的大廳展覽，窗外吹進的薰風中夾雜著一些老屋子的霉味。後來流亡海外的熹平石經殘石歸國，政府撥交史博館典藏，史博館的名氣大了起來，狹窄的場地容不下參觀者之眾，日式的木造黑樓被打掉了，代之而起的是一個中國宮殿式的樓宇。後來又把正面的廳堂加高，成爲巍然聳立的模樣，兩翼也不斷的增添、加建，便成了今天的規模。正面的紅柱、綠瓦和高挑的飛簷，和周圍的熱帶樹林有些不搭調，而從植物園荷花池這邊看它的後背，則充滿了加強、補建的斧鑿痕跡，傖俗醜陋，像極了臺北市的所有建築。

但這並不是說史博館沒有價值。它不像外雙溪的故宮博物院，以朝覲式的宮道及曲迴的石階，把現代和古代截然分成兩個世界；它也不像新成立的臺北市立美術館，以框架和冷凝的玻璃把藝術和凡俗區分成截然不同的境界。史博館座落在市塵中，它和光同塵地與它處身的世俗打成一片，院子外就是學生、遊客和攤販，朝北的窗外，便是臺北市灰濛濛的天空，下面是一片荷塘，打開窗，淡淡的荷香便會吹進來，當然在夏天，還會帶來一聲長長的蟬嘶。

史博館的展覽包羅萬象，但都有一些「小市民」的味道，它的鎮館之寶是殷周的銅器、歷代的錢幣、唐代的三彩，但大多數的參觀者都不太注意這些，吸引人的反而是它舉辦的現代畫家、書家或攝影家的特展，還有每逢年假的年俗、風俗展覽，後面的展覽，經常吸引滿坑滿谷的觀眾，而這羣觀眾來這裏，都有一些趕廟會的氣質，好奇、欣喜而又心不在焉。

史博館今天三十五歲了，聽說教育部打算撥出大筆預算，以加強該館人員編制，並使設備現代化、精緻化。令人擔心的是，史博館在大筆預算與龐大的編制之下，可能成爲一個殿堂森森的衙門式博物館，與它三十五年的「歷史」傳統正式揮別。到時候，令人惋惜的事恐怕更多吧！

79・12・4

正義與寬恕

在國際人權日的前兩天，也就是明天十二月八日晚上，基督教《曠野》雜誌社在該教許多平日不太往來的教內單位協辦下，打算於臺北市懷恩堂舉行一個「一九九〇平安禮拜」。這個禮拜的主題是「尊重人權、紀念二二八」，光是題目就有強烈的敏感性；另外，主持禮拜的兩位牧師周聯華和翁修恭，更是臺灣基督教內極具名望而連帶具有某些爭議性的領導人物，那些爭議來自他們宗教信仰背後的政治屬性。不要說他們與前後三位總統的特別私人關係，在教會內部而言，他們代表的「國語教會」與「臺語教會」，長期以來不可諱言的帶有一些對立而不易化解的意識型態；現在，這兩派的領導人物將同臺主持一個以療傷止痛、化除畛域爲目的的宗教活動，其象徵意義，尤值得社會注意。

發生在四十三年前的二二八事件，對臺灣所造成的創傷，至今猶未痊癒。這個傷口一直不能癒合的原因，一方面當然與「有心分子」的不斷利用有關，但主要的在於政府的主持者一味的掩蓋事實的眞相，深怕一旦曝光，將引起不可收拾的亂局。政府的顧慮，固然有其理由，可是這種掩藏閃躲反而使自己身陷困境，有一天眞的公布了事實，恐怕相信眞相的人也不多，所以這件事逐漸成爲一個難以解脫的歷史困境，要解決確實不容易。

但這並不是說遺忘是處理這件事的最好方法。既然是歷史的創痛，就應該眞誠地交給歷史的病理學家去研究，查出得病的原因，粉飾太平是絕對的錯誤。知道了病因和創傷之所在，要積極地尋醫求治，不要讓傷口再次潰爛發膿，這時候，愛心和憐憫是使傷口癒合於無形的最重要藥方。我們高興，基督教以具體的行動，提供了這個治癒我們社會創傷的良藥，他們捐棄了成見、化解了畛域，以正義的態度來面對社會長久的苦難，以愛與寬恕爲社會止痛療傷，再造生機。

臺灣社會，多年以來出現的自毀的、渙散的負力量，現在尚未有戢止消退的跡象，但基督教所展現的一種自新的、凝聚性的正面力量似乎已經形成，在這個時機，尤其值得我們敬佩和珍視。

79・12・7

文建會，加把勁！

臺灣之落到今天文化式微的地步，恐怕不只是沒有錢的問題，而是根本沒有心的問題。撥一筆巨款，蓋一幢美麗的建築作博物館，卻沒有考慮裏面要陳列什麼東西；撥一筆巨款去建一幢音響效果極佳的音樂廳，卻不知道要在裏面演奏什麼作品。中正紀念堂的國家音樂廳花了幾千萬裝了一組舉世稱羨的管風琴，但裝了好幾年了，正式用過卻不到三次。

所以，這不是沒有錢的問題，而是沒有心的問題。沒有心的意思是指沒有用心去思考，至於爲什麼沒有用心思考？老實說，這是因爲缺少會思考的人的緣故。

臺灣搞文化事業，絕對不缺少錢。這可以由學術團體舉辦什麼研討會，只要向文建會申請，就可以輕易得到幾十萬以至幾百萬的補助看出來。研討會開得十分舖張奢華，對於來自國外的學者與賓客，不論其水準是如何不入流，也全部負擔其交通及食宿費，研討會結束，印製一本裝訂精美的論文集，內容空洞無物，但誰也管不著這些，因爲不如此，則如何消化預算？所以臺灣的學術文化研討會，尤其有文建會大額補助的研討會，開起來都有些「遊戲酒食相徵逐」的味道。

但對眞正需要補助金錢、提供人力的文化事業，他們卻假裝沒看見或根本看不見，等到當事人申請了，他們又以推薦人不足，或不合申請要件，或沒有此預算推謝。舉個例子來說，畢生蒐集臺灣音樂史料的呂炳川、史惟亮其資料遺稿，迄今無人整理出版，另一位剛剛過世的音樂社會學家李哲洋，留下了大批親身錄製、拍攝的臺灣音樂史料及大批相當嚴謹的研究手稿，這些價值將與日俱增的材料可以視作國家、社會的富厚資產，但我們卻白白地讓這些財產在歲月的磨蝕下，損失殆盡。最近聽說日本的研究機構對三者的研究甚爲讚嘆，將出資購買所有的資料，呂炳川的家屬已經答允全部捐出，李哲洋的遺孀林絲緞女士尚在考慮中。看來，國內在既無人又無心的情況下，這些遺產將只有乘桴浮於海，長期流落外邦了。

文建會如果沒有鑑別這些材料價值的人才，如何叫做文建會？文建會如果不爭取保留，並下決心整理、研究這些我們的文化資產，如何叫做文建會？

79・12・11

阿爾巴尼亞

阿爾巴尼亞僻處巴爾幹半島西南，濱亞得利亞海，人口三百萬，面積二萬八千平方公里，是個典型的「小」國。一九八五年國民所得爲九五〇美元，以歐洲的標準而言，是最窮的國家。但他雖小又窮，卻是共產陣營中最堅持教條的國家。一九四九年中共政權成立，他是最早承認者之一。一九六一年因反對蘇共採修正主義立場，不惜與之決裂。同時，他一直對美國抱持敵對的態度，很長一段時候，他是中共「反帝、反修」的唯一盟友。但七〇年代末期，中共改採親美政策之後，他與中共的關係便淡了下來，他與東歐諸共黨國家，原本就不常往來，去年，東歐諸國自由化之後，他猶堅持社會主義的精神理念，他成了一個名副其實的孤島，無論是在地緣上和精神上的。

但這個歐洲最後一個正統馬克斯社會主義的孤島，已經確定要淪陷了。前天，阿共中央委員會開除了五名堅持馬列教條的政治局委員，而開啓了政治改革之路，他們宣布，將使反對黨合法化，而使阿爾巴尼亞成爲多黨的民主國家。

一年來，東歐共產陣營的民主自由化，已使得阿國今天的動向變得無足輕重，實質上沒有什麼特殊的，這只是歐洲共產社會最後一個堡壘的解體淪陷罷了。可是在象徵意義上，卻有不比平常的價值，連最堅持、最固守的都放棄了、都撤退了；馬列的共產主義，經過四十餘年，廣及世界一半人口的實地檢驗，結果竟被推翻掃除，廣場上的雕像、國名與旗幟中的符號一夜之間便完全消失了，好像從來不曾存在一樣。

現在剩下的似乎只有中共了。他仍然堅持他的四個堅持，要共黨放棄或與他人共享政權，那是絕對不可能的事。他雖提倡開放，但指的是經濟與貿易，在政治的控制上，是從來沒有作過一點點鬆動的表示的。眼看像阿爾巴尼亞這樣的國家都朝政治改革前進了，中共到今天還是屹立不搖。他到底能堅持多久是另個問題，十一億人民對這樣的政權，好像發不出什麼反對的聲音，一片俯首甘心的樣子，看了，讓人心痛。

79・12・14

李鵬倒因爲果

上週東歐最後一個共產教條國家阿爾巴尼亞開除五個強硬派政治局委員，宣布反對黨爲合法，阿爾巴尼亞似乎已下定決心，追隨東歐諸國的改革步伐，朝向民主、多元的政治邁進。不料這個「解嚴」的消息剛傳出不久，首都地拉那及艾巴申市就發生強烈暴動，人民燒殺搶刼，共產黨長期以來標榜的社會秩序，一夕之間，蕩然不存，爲該國民主、自由的前景帶來不少的陰影。

這個問題不只發生在阿爾巴尼亞身上，東歐諸國，在民主改革的路程上，都多多少少地發生類似的問題，只是有輕有重罷了，這說明放棄教條，選擇新生活是要付出代價的。但如果因爲這個代價過大而整個否定改革的價值，以此理由來堅持集權統治，則不是常識不足，便是昧著良心了。

中共總理李鵬在結束訪菲之行的記者會中，被詢及東歐政治變革給中共帶來的影響，李鵬說：「這些變革給東歐人民帶來什麼？麵包？還是快樂？什麼也沒帶來。因爲這些變革只帶來亂局和人民失業的問題，現在幾乎所有東歐國家都充滿各種危機。」所以他堅持：「中國政府和中國人民，我們將堅守社會主義。」

李鵬的回答表面上看來有些道理，可是這些道理禁不起任何分析。爲了避免東歐的亂局和危機，中國不能走他們的老路。但是這些亂局和危機是自由民主造成的呢？還是長期的集權統治所造成的呢？李鵬卻沒有想到。東歐各國，在開放改革之後都遭到一些混亂。在東歐、匈牙利、捷克及波蘭這些原本統治得比較鬆動的國家，短暫的亂局並沒有形成什麼「危機」，反而爲他們帶來欣欣向榮的前景；而在羅馬尼亞、阿爾巴尼亞，以至蘇聯這些禁錮嚴密的國家，亂局一發生，便形成不可收拾之勢，其中的理由，已是非常的明白：這種亂局和危機，是共產集權統治長期造孽所成就的，並不是自由民主所成就的。李鵬用亂局和危機恫嚇中國人，阻止他們追求民主自由，統治者的心態原本如此，沒有什麼好評論的；但所有的中國人在此恫嚇下噤若寒蟬，一些知識分子竟也隨聲附和，以爲東歐式的民主化將帶給中國災害，對這羣人，除了李潔明罵的「懦夫」之外，也沒有什麼可評論之詞了。

79・12・18

文建會的「作業要點」

聽說文建會在這次「國際翻譯會議」中分發了一分「作業要點」，（詳見二十一日《中國時報》「人間」副刊劉紹銘先生文）列出古典文學作品翻譯參考書目五十八條，其中赫然有《紅樓夢》、《三國演義》、《西遊記》等，文建會諸公竟然不知道這些「經典」著作早已有英文的譯本，而且譯本還不只一種，劉文中以《紅樓夢》爲例，就舉出了四種不同的英譯，足證這個「作業」是如何的草率隨便而且不負責任。另外在現代文學中，共開了八十二條書目，其中有張愛玲的《秧歌》、白先勇的《臺北人》、七等生的《我愛黑眼珠》、黃春明的《看海的日子》等，這些作品，事實已都有英文的譯本，而且張愛玲《秧歌》的原作是以英文寫成，中文本反是作者自己的譯筆。

翻譯確實是極爲重要的事，但以文建會這麼一個機構來主持翻譯，事先建立起一個全球性的資訊網路是必要的；一些別人做過而重疊的工作，不妨放在一邊，不要費錢費事去碰它，一些須立刻著手的，便馬上去做，千萬不要拖延。

將中文名著翻譯爲外文，對提昇我國形象、溝通世界文化自然有重要的貢獻，但盱衡目前情勢，中書外譯的迫切性遠不及外書中譯的明顯。這一點很容易明白，將中文譯成外文，受益的是外人，而將外文名著譯成中文，受益的是國人。文建會事實上可以和國立編譯館合作，集中人力財力，廣詢各方意見，將世界重要名著先列出一千種書目來，排定秩序，有系統的翻譯出版，爲了區別兩單位的職守，文建會可負責人文、社會的著作，科學、技術的著作則由編譯館負責，數年後，必然有所成就。那時候，國人接觸世界知識，不必先花上數年工夫苦修外文，可以把生命中最寶貴的時間，用在知識內容的探究上。

但在國家施政、文化還停留在口號階段的時刻，文建會和編譯館，一個是遊戲酒食相徵逐的機構，一個是暮氣沈沈的冷衙門，要他們擬一個像樣的書單都是難事，更不用說嚴謹將事、如期推出了。文化如此，不得不令人浩嘆！

79·12·22

改革的必要

教育部所屬「大學入學考試中心」前幾天提出「大學入學考試分兩階段實施草案綱要」引起了正反兩方面不同的意見。贊成的以爲大學入學考試分兩階段舉行，充分注重了學生學習的性向及學校、科系的不同需要，對未來大學教育朝向個性化、獨立化發展提供了幫助；反對的則以爲聯考分兩階段舉行，加重了學校及學生的負擔，另外，允許各校各系自訂第二階段的考試科目與內容，也可能破壞了聯考的公平性。

不可諱言，低廉的學費政策及以公平爲目的的大學聯考制度對以往臺灣地區大學教育的推展曾經有所貢獻。在特權林立的時代，一個沒有特殊背景而且貧窮的學生，只要具有相當的成績，便可理所當然地進入高等學府，接受高等教育，而成爲社會國家的棟樑之材，這是社會戀戀不能忘懷的、也是聯考「魅力」之所在。但實行了三十餘年的聯考制度，也對臺灣的高等教育造成了相當不可彌補的損傷，那就是外表公平的聯考，不尊重個別差異，往往成為戕害個性、斲喪創造力的緊箍咒，盲目的、一窩蜂的升學主義，毫無特色與風格的大學是我們眼前現成的展示品。

當國家逐漸從權威領導進入民主，社會也慢慢走進繁富多元之後，以往強調的公平，老實說已經失去了積極的意義。而隨著形式上的「公平」所帶來的獨斷、排他、意識型態掛帥的思維方式當然也應該排除。今天的社會，有各種獲得肯定與成就的機會，大學教育雖然重要，但不是所有成就的必然條件，所以大學教育不是普遍必須具備的資格教育，而是講求個別成就的個人教育。聯考對這個教育宗旨必須配合，當聯考還不能完全廢止的時候，適時地修改考試的方式確是當務之急，我們贊成教育部朝這個方向努力。

至於聯考分兩階段，加重了學校及學生負擔，這件事也可由兩方面看：第一階段的考試可以視作高中的畢業考，只不過主辦的機構換成「大學入學考試中心」罷了，並沒有增加學生什麼負擔，學生無需過慮；在大學方面，既然想改變體質，重振生命力，些許的負擔應該努力地承擔下來，如果還因循如故的話，那麼改進大學教育便永遠是緣木求魚的空談了。

80・1・8

文化、價值的重建

政府遷臺已四十二年。在這四十二年期間，前二十年，幾乎將國力完全投注在備戰的需求上，爲保全這塊未被當時震盪世界、瀰漫中國的赤潮所淹沒的唯一淨土，政府將預算和精力全部放在國防，確有不得已的苦衷。後二十年則國防、經濟並重，臺灣逐漸發展出一套生產及經營的獨特方式，而成爲一個在亞洲，甚至在世界所稱艷的經濟奇蹟。隨著經濟起飛，民生富裕，加上東西世界冷戰對峙局面改觀，政府放鬆了其一貫的管制政策，解除戒嚴，開放黨禁報禁，人民自主的意識擡頭，臺灣初嚐了民主的滋味。但隨著民主的來臨，臺灣社會呈現了從來沒有的亂局，包括大規模的民意抗爭、經濟舞弊、社會治安敗壞等重大的問題，這些問題並不是由民主所帶來，但確實是因爲民主而顯現。層出不窮的經濟犯罪，貧富、城鄉的差距已經擴大；校園暴力不斷、青少年吸食毒品蔚爲風氣；黑槍氾濫、法紀蕩然……，原來我們引以爲傲的經濟、教育和治安都早已出了大紕漏，除非我們打算放棄這塊地方，否則我們必須以嚴肅的心面對它。

解決問題之前，必須明白癥結之所在。老實說，目前社會所呈現的諸多問題，絕不能個別視之，以爲它們是孤立事件，彼此並無關聯；相反的，它們都相關緊密。譬如校園暴力頻傳，青少年吸毒屢見不鮮，並不是校園內的單純事件，它與我們社會的價值解體，權威消散，社會上下充斥的不安、暴躁風氣息息相關，如果不以社會爲一個整體而謀求通盤的、徹底的解決，則永遠只能停留在頭痛醫頭、腳痛醫腳的技術醫療階段，不僅成效不大，而且可能耽誤病情。

不幸的是我們政府及社會在處理這類事件時，大體上均是採用這種態度。如安非他命等毒品入侵校園，政府官員要求教師檢查學生書包，電動遊樂場及彈子房內藏汚納垢，便禁止未成年少年進入，MTV、KTV是治安的死角，便以限制營業時間來杜絕其犯罪的可能，表面上，政府和一部分「民間」做了許多事，但說穿了全是在「鋸箭」罷了。學校的責任在禁絕毒品進入校園，但青少年在校園之外吸毒，便不是學校管理的範疇，政府和某些民間人士聯手將一些地方畫成禁區，但卻沒有相對地安排青少年及守法國民的適當去處。

如果以一個比較寬宏的角度來看，今天社會所出現的諸多「亂相」，其實是一個文化歸向的問題，一個價值認定的問題。不可諱言的，在我們的時代，傳統的價值已經崩解了，而新的價值體系還沒有構築完成，在這個實質意義是「上無道揆、下無法守」的轉接年代，社會出現多種亂相、敗相，無寧是自然的事。所以重建價值系統，確定文化歸向是目前最應該著手的事，它其實是一切事務的根本。臺灣已不缺少富裕，也不太缺少民主，臺灣社會，缺少的是一個大家認同的生命價值取向，假如我們把這件緊要的事繼續擱著，富裕將引起更多的貪婪，而民主只是更容易遂行自私罷了。貪婪自私、良知委頓、公德敗壞、社會全面的崩潰解體，將是必然的結果。

所幸政府已經注意到這點。李總統登輝先生在今年元旦祝詞中特別指出文化是立國的根本，是國家長期發展最重要的一環。他希望「今後政府能以具體的措施，促進倫理道德的重整，社會風氣的導正，文化環境的美化與文藝活動的加強。」

我們對李總統的看法深表欽佩與贊同。但價值的確立，文化的重建絕對不能望其速成，所以政府在擬定文化政策時，必須放寬年限，不以五年、十年爲標的，而將眼光放在五十年乃至一百年後的社會發展爲預設目標，尋找中國人可能認同而正確的價值取向，以做爲政策的參考。但近程的努力仍不可懈怠。譬如以往政府在人文教育上，可以說沒有盡太多的力量，人文學科的研究，附驥於自然科學或者科學技術的尾端，除了點綴之外沒有什麼作用，今天，文化人才的嚴重不足，文化意識的陵夷，以往的政策要負相當的責任。

提高文化意識，須整個社會的配合，不是政府立法施政便能奏功，但政府可做的事依然很多。消除抗爭的本源，使得社會不論在政治或經濟的結構更為合理化，消除獨佔與倖得，使得社會更加的公正與公平，降低抗爭與暴力的可能，社會因而沐浴在祥和氣氛之中，對文化建設、價值重建提供了良好的環境，這些都是政府施政可以盡力做到的。

但全體國民積極參與更是重要的；文化、價值的重建，心靈建築的比重遠超過實體的建築，它的基源是全民良知的覺醒，它的責任必須全民要負擔，這一點，是不可以不注意的。

80・1・4

中東和戰與世局安危

美、伊外長在日內瓦的「最後會談」宣告失敗，原本對中東局勢還存有一些樂觀看法的人不得不憂懼了起來，距離聯合國命令伊拉克撤出科威特的最後限期已經只有四天了，伊軍不但沒有撤退的跡象，哈珊還不斷派出增兵，並且全副戎裝在巴格達檢閱軍隊，誓言戰鬥到底。引線早已點燃，但離爆炸點還遠，隨時可以拔掉它，所以大家不太在意，現在已快要燒到盡頭了，要撲救已經有點來不及，大家只有屏氣凝神地注視，那千萬噸炸藥在爆炸的一刻到底是那一種景象。

以美軍為主的聯軍不論數量上和素質上都強過伊拉克甚多，所以真正打起來，表面的勝負可以預料，但現代戰爭勝負的觀念已經不是以佔城池，效首虜來計算。美軍即使佔領伊拉克全境，將一千六百餘萬伊拉克人全數消滅，恐怕也不能算贏家，東西方的鴻溝將更為加深，原本複雜的民族意識與宗教情緒將化成一片布滿黏液的蛛網，超級強國在這片綿密而仇恨的蛛網下，恐怕只會變成一隻無法動彈的飛蛾。

哈珊強佔科威特當然是侵略的行爲，應該爲此受到國際的懲罰。但哈珊對聯合國與美國的指控也不能完全以無理取鬧視之，哈珊說以色列佔領加薩走廊和約旦河西岸，又將首都遷往耶路撒冷，聯合國都通過譴責的決議，但十幾二十年以來，從來沒有聽說美國派軍來執行其決議，眼看巴勒斯坦人在以色列軍人槍砲下死傷纍纍，西方國家，從來沒有以其實力「制止」過；美國對伊拉克講正義，對以色列卻不講正義，偏袒而不公平的正義還能算是正義嗎？

哈珊所指是事實，但他所指的事實並不能使他的侵略行爲合理化。不過換個方式來說，受強權宰制、以西方思考爲導向的聯合國在中東問題上確實有不公平的記錄，美國在阿拉伯與猶太問題上甚至從不諱言他採用的是不同的價值標準，從這個角度看，布希強調的正義確乎是有一些貧血。

我們期望在四天之內有戲劇性的變化出現，一場人類的浩刼得以避免；但直到今天，戰爭與和平，一個攸關千萬人生死的大事依然期望「戲劇性的變化」，人類千百年發展出來的理性似乎完全沒有著力處，我們無法不承認，人類文明的歷史，此刻以更迷離與吊詭的方式呈現。

80・1・11

走向「死線」

今天是一月十五日，是聯合國爲伊拉克自科威特撤軍訂下的最後日期，英文稱之爲dead-line，聯合國秘書長裴瑞茲昨天到巴格達作開戰前的最後斡旋，但依然是無功而返，現在僅有一天了，無論是法國總統密特朗、利比亞強人格達費或是歐市外長會議代表的能力權限都不如裴瑞茲，由他們出面，而想在最後一天得到和平的進展，恐怕是不可能了。一場慘烈的戰爭似乎已無可避免，和平的希望在乍現之後便隱入更深的雲層中。這個歷史上人類文明的搖籃，肥沃月彎，兩河流域的入海處，現在陳列著正反兩面一百餘萬的軍隊。而巴格達，那個在一千零一夜的故事中，由飛毯和神燈所構築的充滿著浪漫與玄想的城市，現在正在聯軍飛彈與轟炸機的投射範圍之下，人類正無助地或者有一些被催眠似地走入他們自訂的死線之中。

人類應該用什麼方法思索這一件事情？布希出兵波斯灣，正義之中寓有自私的動機，而哈珊併吞科威特，自私之外也有強烈的正義的藉口。雙方都強調正義、隱諱自私，以致使得眞理不彰；眞理是什麼？哈珊確實是侵略者，而布希不願西方世界的油源控制在哈珊手裏，更擔心羽翼旣豐的阿拉伯勢力超過西方勢力，那樣必使得以色列不保，中東沒有以色列，美國和西方世界無法在此攫取更多的利益。

假如這只是一場足球賽便不算什麼了，昂揚的呼號、耀眼的旗幟，只贏得一個令人心折的比數罷了；或者是一局棋戲，損失的兵卒在下一局中仍然可用。但現在卽將展現的是一場戰爭，一場由人做棋子的棋戲，下了臺便永遠也不能上來，而所有被犧牲的兵卒都不是出自他們的志願，他們被「擺布」在死亡線上，在一聲巨響之後，他們被炸成千萬片碎片，布希和哈珊都答應，戰爭停止之後，將爲他們建一座紀念碑。

戰爭是野蠻及愚昧的，但人類歷史在發展了幾千年之後，依然朝野蠻與愚昧的方向走，文明和智慧在每次關鍵的時刻，好像都沒有發揮什麼力量，這是人類眞正困窘之處。戰爭當然需要勇氣，可是避免戰爭需要更大更沉著的勇氣，而不幸的是，幾乎所有世界的領導人都缺少後者。

80・1・15

阿拉伯的觀點

多國聯軍在臺北時間十七日早晨對伊拉克展開了攻擊，憑藉高超的科技，空軍夜襲巴格達，如入無人之境，在短短不到二十分鐘的時間內，摧毀了伊拉克的雷達、通訊、飛機場和飛彈基地，伊拉克似乎眞的癱瘓了。然而面對聯軍壓倒式的優勢，伊拉克卻在今早出手還擊，以八枚飛彈，直接攻擊以色列，使戰火擴大，戰情激化。

雖然如此，整體以觀，這仍是一場一面倒的戰爭。除了第一波攻勢引人注目之外，多國聯軍摧枯拉朽，再多了已沒有什麼新聞價值。拜現代科技之賜，戰爭和一切行爲幾乎都無法遁形，我們坐在電視機前，和坐在五角大厦簡報室裏沒什麼兩樣。但這個迅速而精確的資訊也有問題，那便是強勢媒體的壟斷，已經到了決定個人思考方式的階段，運用這些媒體資訊的人很少不受其思維術的影響，臺灣的媒體絕多取材於西方電視臺與通訊社，因此整個觀點和思考方式都不自覺地成爲西方既有觀點的「投射器」（Projector）。我們有沒有自己的觀點也許並不重要，但我們如果忽略交戰雙方另外一方的觀點，或者根本不知道另外一方有觀點，這確實是愚蠢和危險的。

阿拉伯人的國家觀念很淡薄，或者說根本就沒有，他們現有的疆界是本世紀二〇年代英法等列強強加之於他們之間的。假如國家與疆界的觀念不清楚或者不重要，則由此觀念所引發出來的侵略的定義是可議的；這也就是說，伊拉克併吞科威特依現在世界的秩序而言是侵略，但對阿拉伯人來說並不盡然。阿拉伯人以為現在中東地區的疆界是違反他們意願的，而他們的意願是來自他們的「眞主」。從阿拉伯為一整體的觀點來看，和西方走得過近的沙烏地與科威特的王室是西方列強在中東的買辦，他們的鉅富也引起阿拉伯世界的嫉妒與鄙夷，他們之引起敵視，是自然的事情。

為了懲罰這些買辦，哈珊動用了武力，但在西方列強的聯軍之下，卻毫無招架之力，像極了中國九十年以前八國聯軍之下的義和拳。

當然，阿拉伯人的觀點是有所蔽的，不見得絕對公允，但完全走西方路子，採西方的觀點也有所蔽，也不見得公允。我們的媒體以及專家學者，何時能走出西方人的陰影？那才是成熟的第一步。

80·1·18

帝國反撲

繼一週前蘇聯紅軍在立陶宛攻擊該國電視大樓，造成十四人喪生的慘劇之後，昨天，紅軍又佔領另一小國拉脫維亞的內政部，與該國的警察發生衝突，槍戰中造成五人喪生、九人受傷。立陶宛的事件，近因是立國役男不願接受紅軍徵召，紛紛退回、焚燒徵兵令而起，拉脫維亞的事件不知起因爲何，但蘇聯當局想乘世人眼光被中東大戰吸引之際，在國內遂行其恐怖統治，強力鎮壓反對勢力，應該是實情。

蘇聯在戈巴契夫開放政策之下，初次嚐到了一些民主的滋味，但隨之而來的是舊有秩序的解體，社會呈現從來未有的亂象，以市場爲導向的經濟政策無法與舊有的政策銜接，以致造成諸如農產過剩但市場卻無貨物的窘境。最嚴重的是集體意識逐漸被個人意識所取代，影響最大的是蘇聯這個有史以來最大的集合體，已瀕臨崩潰的邊緣。

十五個加盟共和國，大部分都出了問題，每個共和國都在爭取自己的權利，這些權利是長久以來被集體意識所犧牲與剝奪的，即使是帝國的核心俄羅斯共和國也在鬧自主了，葉爾辛領頭反叛中央，更不用說身處邊陲的小國了。

波羅的海的三小國——愛沙尼亞、拉脫維亞、立陶宛，四十餘年前心不甘情不願地被逼加盟蘇聯，硬被關進鐵幕，現在終於有理由站起來爲自己說話了；但維繫這個帝國的集體意識，仍然沒有放棄，他們的看法是，假如這個帝國眞需要維繫，便須立卽而且斷然地消滅這個足以燎原的星火，正好中東戰事給了他們最好的機會，在巡弋飛彈和芥子毒氣的恐懼之中，世人是不會注意到在北方角落幽咽的幾聲槍響的。

在世人的價值錯亂與媒體的扭曲之下，一週前足以駭人聽聞的頭條新聞，現在只能在中東戰事中佔下幾行的篇幅，五個死人的新聞價值不如一個被俘的美軍，這是媒體的罪惡，當然也是受眾（audience）的罪惡，但比起蘇聯帝國的保守勢力，前面的罪惡便不算是一回事了。

帝國的反撲，示警式的殺戮，也許能掩蓋不穩，帶來表面的寧靜，但這個寧靜必然是短暫的，讓我們以同情的眼光，等待蘇聯巨變的發生。

80・1・22

王丹的審判

中東戰爭對伊拉克、對美國、對世界所有國家都不是個好消息，唯獨於蘇聯與中共是例外。蘇聯可以利用世人眼光無暇注意的時候，好好地修理境內鬧獨立的小國，而中共卻在這時候，加強管制，並且審判前年六四民運領袖王丹，罪名是反革命宣傳。這個審判採「公開秘密制」，公開的僅是布告，而審判則所有的記者與外籍人士都不許參觀，甚至法院外景都不許拍照，創下「法制」史上的怪例。中共也許不會判王丹太重的刑，但利用此刻審判，在國內和國外，不致引起大的糾葛和難堪。

中共的法制，千瘡百孔，但總歸一句話是「爲人民服務」。在大陸，任何一件事牽涉「人民」一詞，便無法擺脫泛政治色彩，受中共中央所擺布。所以法律也者、審判也者、判決也者，在節骨眼上，仍然是受黨的節制，是中共政治的一部分。判決重了，是「罪無可逭」，判決輕了，是「情多可憫」，但在後面眞正操縱主持的是他們的政治目的。

王丹不致被判太重的刑，並不在王丹的「罪」是重是輕的問題。依據中國大陸的標準，王丹帶領近百萬「暴民」，強佔天安門，引起「暴動」，絕對是「反革命」的大罪，判死刑並無不當；但此刻判王丹死刑，勢必引起海內外鉅大回應，美國勢必取消貿易「最惠國」的待遇，光是經濟壓力便絕對受不了，海外異議分子勢必鬧得不可開交，這個火種一個不小心，延燒到國內，引起另一個天安門事件並非絕對不可能，……所以王丹的「罪」，雖足以判幾個死刑，而中共是不會判他死的。至於無罪開釋呢？那也不可能；假如判他無罪，那麼豈不承認鎮壓的軍人有罪？指揮軍人鎮壓的黨中央有罪呢？

中共對王丹的判決，不致太重，也不致無罪，大概在三年到五年這樣一個不痛不癢的階段，然後找一些「獄中表現良好」、「深有悔過意圖」等藉口為自己找下臺階；中共對王丹一夥人，深惡痛絕當可想像，但為了政治目的，只好強忍下這口氣，這也是泛政治化的苦處。

80・1・25

如何「安樂死」？

讓一個令任何醫療都絕望了的病人活下去是一種人道精神，或者讓這位病人自己面對死亡更符合人道精神？這裏面充滿了互相衝突而糾葛的價值標準，論斷起來，十分困難。

在許多宗教看起來，生死的絕對權限不掌握在人的手裏，人不能決定自己的出生，當然也不能決定自己的死亡；這一切都控制在「上帝」身上。所以，幾乎所有的宗教家都反對自殺。佛家在某種情況下談「捨身」，儒家也談「殺身成仁」、「捨生取義」，但並不是鼓勵自殺，而是贊成生命在道德意義上做更大的價值轉換。譬如爲理想，爲拯救世人而犧牲，他雖然犧牲了，但他的生的意義卻更加飽滿而充實，俗語有云「雖死猶生」，即是指此而言。

「安樂死」的爭議性不在如何減輕絕望病人的痛苦，以更祥和安適的方式處理死亡，而是這個生死的權限到底掌握在何人手裏的問題。誰能判斷這個藥石罔效的病人是眞正的絕望呢？病人自己決定死亡在宗教來說是犯了不可寬赦的大罪（因爲他逾越了自己的權限），更不用說以自己的判斷去輕易決定別人的生死了。

中壢市一家名叫「慈光淨心院」的主人李文良表示，該院接納植物人、老人痴呆症、中風等病人，提供其住所，但不提供醫療及護理，令病人在不施救、不供食的情況下，等待死亡。

表面上看來，李文良的「服務」不牽涉法律、道德或者宗教意義的問題，病人在無意識的情況下，當然不會自己選擇死亡，不能算是自殺；李文良也保證不作任何「加工」，讓病人在沒有醫護及供食的情形下自然去世，這個死亡可以解釋爲上帝的安排，李文良又逃脫了罪嫌。社會忌談死亡，爲詮釋造成了許多空隙，但李文良的興趣不在研究生與死的哲理，而是在人死後他可以獲得相當的利益，因爲他同時經營民間殯儀館和葬儀社，他的「事業」目的在賺錢罷了，但這個冰冷的事業卻提供我們社會一個意義豐富的話題。

處理安養與死亡是極重要的事，我們的社會卻長期忽略它；現在應是正視的時候了。

80・2・5

看李文良自殺

涉嫌爲人安排「安樂死」的李文良自殺了，作爲爲此事寫過評論的人而言，不免產生一些自責與愧咎。當然，李文良並不是（幾乎可以斷定）因爲一篇對「安樂死」有意見的文章而自殺的，他的死，自有他的理想與信念來支持。

李文良提倡對藥石罔效的病人或無意識的植物人採取「安樂死」，但他卻對自己採用了最不安樂的死法：將汽車排氣管裏的廢氣引入車廂中，讓自己的肺葉飽吸一氧化碳，然後慢慢傳入神經，造成痲痺，在窒息的痛苦下，全身肌膚一寸寸地死亡。他的死極端地難受，只要輕觸車門把手，他便能輕易地逃離痛苦、避開死亡，但他依然固執無悔地選擇這個痛苦的死法，足見他的意志。

二月五日那天我在「時論」中的文章對他有所誤判了。那篇文章中說：「李文良的興趣不在研究生與死的哲理，而在人死後他可以獲得相當的利益。」李文良以死來證明，他的提倡安樂死，目的不在任何利益，他最高的興趣恐怕還是研究人生與死的哲理。他對死亡自有一套獨具價值觀的詮釋。

但任何人對生與死所能作的詮釋，恐怕都無法達到絕對周延。贊成「安樂死」的人都多少有點唯物主義者的傾向，認爲人只是一堆有機化學原料的組合，或者經分析、演繹、歸納而得的科學眞理是堂堂不可侵犯的，現代醫學是集科學之大成，因此醫生說是絕症即是絕症，醫生說是藥石罔效便是藥石罔效；但另一派的人強調眞正的生死並不掌握在醫生的手中，當然也不在一般人的手裏，他們相信在人類已發現的眞理之外應該還有眞理，在還沒有探索明白之前，這個眞理名叫 miracle，不論你譯作神蹟也好、奇蹟也好，但他確實存在，沒有一個人有絕對的能力判定一個人必定死亡，因此，當然更無權爲他採用「安樂死」了。

這是一個充滿爭議而價值糾葛纏繞的問題，很難獲得社會的共識，但它確實是一個重要而極爲根本的問題。李文良不應該自殺，但他畢竟死了。但願他的死，爲我們這物慾橫流的社會，帶來一點沉澱思想的機會。

重修教科書

戒嚴、黨禁、報禁相繼解除，兩岸關係也進入一個新的階段；今年五月動員戡亂時期即將宣告終止，中共雖然敵意未消，但終於可以擺脫長久以來「叛亂團體」的名目。在這些客觀環境鉅變之下，影響廣泛的人文、社會教科書應當如何隨之修訂，確實是當下亟須解決的問題。

人文、社會教科書之需要修訂，不應該完全著眼在對中共定位的問題上，而是應該糾正長久以來的事實錯誤，以配合價值並存的開放社會，即使動員戡亂時期還不終止，這項調整也是必要的。譬如國中《公民與道德》課本中說：「事君不忠，非孝也。即對國家、對領袖要盡責、要效忠，否則就是不孝。」這種「移孝作忠」根本是個邏輯上不相干的謬誤，雖然它被認可了兩千年，但畢竟還是個錯誤。又譬如歷史課本在處理歷史上中外關係問題時，依然遵循著春秋「內諸夏、外夷狄」的筆法，如「匈奴入寇」、「五胡亂華」等等充滿敵我意識、價值判斷的用語；強調外人漢化，而忽略外來文化對漢文化的影響，這些糾結著自傲、排他意識的錯誤，在我們歷史課本中屢見不鮮。

但不可諱言的，今天人文、社會教科書上的錯誤有一大部分確實是因對中共的認定而起的：中共是一「叛亂團體」，他竊取大陸後的一切倒行逆施我們都不予承認，因此他將東北九省併成三省，我們不予承認，他將察哈爾、綏遠、寧夏、興安諸省併成「內蒙古自治區」，我們不承認，他將西康省的西部併入西藏，將東部併入四川，我們也不予承認；最可笑的是外蒙古早於四十年前獨立，現在已是聯合國會員國，得到全世界一百餘國的承認，而我們的教科書依然認定是我國領土的一部分，造成的錯誤、混亂的事實可眞嚴重。自欺欺人，在品德教育上也會造成負面的效果，何況這僅僅是自欺罷了，要想欺人，只會引起更大的侮辱。

即使不涉中共，我們人文、社會教科書已是錯誤百出、漏洞連篇，必須立即想辦法改正過來，現在乘對中共問題重新定位，正好作一個全面性的檢討。我們希望新的人文、社會教科書，要擺脫長久以來的意識形態負累，而用更積極進取的態度，謀求在事實認定與價值取向上，擴充更大的領域，以配合我們開放、多元社會的需要。

80・2・12

尊嚴地結束戰爭

伊拉克在以美國爲主的多國聯軍轟炸之下，已辛苦地渡過了一個多月。聯軍飛機飛臨巴格達，如入無人之境，伊軍幾乎沒有什麼還擊的能力，與聯軍的先進武器比較，伊拉克唯一能發射的高射礮和飛毛腿飛彈，都原始得如兒童的玩具。哈珊原本希望拖以色列下海，讓海灣之戰變成阿拉伯對抗世界的民族戰爭，但不幸的是以色列不爲所動，就是忍著不出擊，使得哈珊轉移目標的希望無法得逞。

哈珊終於向蘇聯特使透露求和的希望，聲明願意從科威特撤軍，但有一個條件就是以色列也須從強佔的領土上撤退。布希立刻表示哈珊的求和是不具誠意的，哈珊如果有誠意，就應該無條件地撤軍。布希當然知道伊拉克已經挺不下去了，現在是將哈珊勢力徹底消滅的大好時機，也是洗刷越戰之恥、重振美國聲威的重大機會，所以美軍不但沒有停止進擊，反而更積極地部署空前的兵力，準備在最短期間，以陸戰「收復」科威特。

老實說，哈珊侵佔鄰國，不管有多少自以爲是的理由，但侵略終究是侵略；聯合國經過半年的調停、斡旋、警告後才允許多國部隊對伊動武，可以說是仁至義盡了。但美國對哈珊一定要趕盡殺絕而後快，也不見得完全是合理的。以色列強佔加薩走廊、約旦河西岸，將首都遷往耶路撒冷同樣也受到聯合國譴責，並且通過決議不予承認，美國不但不派兵驅逐，甚至連重話都沒說過一句。可見美國的國際正義，其實是有幾套不同標準的。

哈珊既已認錯，並且承諾願意撤軍，這該是個好消息。美國已搶盡機先，在此局面下，鳴金收兵，答應對方尊嚴地結束戰爭，應該是最好的決定。哈珊要求以色列從侵略的土地撤退，原本是合理的，但目前要求以、伊兩國同時撤軍，在技術上確有困難。美國可以要哈珊先從科威特撤軍，但同時表示，日後對以色列，將同樣用公平的方式處理。

消滅哈珊，並不聰明，死後的哈珊將成爲阿拉伯的戰神，在此陰影下，中東將永無寧日。不知布希想到這點了沒有。

80・2・19

撤銷註册權的問題

香港政府自去年六月廿九日頒布法令，自該年八月一日起給予臺灣著作權保護。我國政府本平等互惠原則，決定同時恢復受理香港法人註册，予香港著作保護，但因查證有關細節，以致延到今年二月十二日才開始辦理，而追溯至去年八月一日起生效。

但自七十四年七月至七十八年八月之間，因我方查證錯誤，以爲香港政府同樣給予我方註册保護，我方已核准香港以法人身分註册案達八百餘件。這八百餘件的「著作」，多是港劇、港片，當時因盜錄、盜映而涉及的法律案件，法院均依出版法有關規定，對侵犯著作權者處以刑責或科以賠償。現在眞相終於大白，香港在七十九年八月以前，根本沒有給臺灣著作有任何的保護，我們自七十四年起連續四年對港方的保護完全是單方面的，在平等互惠的前提之下，這四年的註册權面臨撤銷的命運。隨著註册權的撤銷，對那八百餘件「著作」的保護也將一併消失，更大的問題終於出現：已定讞的判決現在面臨考驗，到底是維持原判呢？還是予以平反的機會呢？

如果純是法律事件便極好處理，該平反的卽予以平反。但現在涉及的不僅是一個單純的法律事件，而是與道德價值都有關聯的一個複雜性的社會問題。盜錄、盜映，將別人的創作據爲己有確實是不道德的，是侵犯別人權益的，一個文明的社會是不會允許其存在的。現在，因爲一次疏失的查證，使得法律對八百餘件創作的保護消失，使得文明社會不允許其存在的侵犯權益、不道德事件成爲合法，並且可以公然索求「平反」。這個事件對法律也許造成不了太大的震撼，頂多處理起來比較繁瑣一些罷了，但對社會價值、公共道德的損害，確實大到很難彌補的。

兩造談判，雖然以平等爲前提，但平等並不是最高的目的，如果這項平等不能造成「互惠」，反而造成傷害，則不如暫時放下「平等」的原則，而以自己社會的利益作爲考慮的對象爲佳。我們建議，前面四年給香港單方面的註册保護依然維持較好，因爲徒然撤銷了，對自己所造成的損害必然更大。

80 • 2 • 22

偽造偽幣

刑事警察局偵一隊與高雄市警局前天聯手出擊，在高雄市三民區破獲了一起國內首次發現的偽造大陸人民幣案，逮捕嫌犯七名，起出面額共一千餘萬的偽造人民幣。

這是一個充滿趣味又令人深思的案子。首先製造假的通貨，破壞、擾亂了一國的金融，是相當嚴重的罪行，世界各國對偽造貨幣的罪犯，均科以重刑。但中共迄今在中華民國法律上是沒有任何地位的，它唯一擁有的名稱是「叛亂團體」，它四十年來在大陸的興革，我們一概不予以承認，如果是不可否認的事實存在，則在其名稱上加一「偽」字以示區別，如「偽政權」、「偽人代會」等等；人民幣是「偽政權」所發行的通貨，當然只有稱之為「偽幣」了。

在敵我意識極為強烈的年代，偽造偽幣，擾亂、破壞的是敵方的金融，本著敵消我長的觀念，這羣印製假鈔的罪犯，應獲得的不是重懲，而是獎賞才對。但這個狀況有了改變，隨著臺灣地區的宣布解嚴，開放大陸探親，投資、直接貿易雖然還不具法律基礎，但臺商、臺胞絡繹於途，早已成爲公開的事實。投資的金額，早已超過百億美元；破壞對方的金融，擾亂對方的市場，勢必也爲自己帶來損失，所以，即使是「僞幣」，也不容僞造，這是基於現實利益的考量。

這件案子，處理起來可能相當棘手，因爲誰都知道這是犯罪，絕對不是「功在黨國」，但在法律上，卻不容易找到處置的依據。憲法的臨時條款未除，中共無改其爲「叛亂團體」，何況即使除去該條款，中共政權，也不見得能獲得我方承認，在此條件下，要想以僞造有價證券罪起訴，確實有其困難。而一夥人雖然印製了一千餘萬面額的「僞幣」，卻一張也未使用出去，告之以詐欺，也恐怕無法成立。

在政治鉅變之下，法律所顯示的青黃不接現象，須要立即善謀對策，否則將陷社會於大亂。這件案子，本身不算複雜，案情也不太嚴重，但我們寧願視之以冰山的一角，它潛伏的破壞力不容忽視。

80・2・26

戰爭結束了

波斯灣戰爭終於結束了。美國總統布希昨天宣布聯軍對伊拉克的戰鬥全面停止，僅僅在與伊軍的陸戰展開四天之後。伊拉克早已潰不成軍，從元月十七日，聯軍空襲巴格達起，就不曾見到他引以爲傲的空軍升空攔截，更不用說對聯軍發動攻擊了，伊拉克有先進的米格二十七、有幻象兩千型，還有令聯軍頭痛的飛魚飛彈，但幾乎完全沒有在戰爭中出現。當時世人都以爲哈珊在隱藏實力，等到陸戰開始，伊拉克的六十萬大軍便會傾巢而出，聯軍卽使光復科威特，也無法避免要付出慘烈犧牲的代價。

但事實不然，陸戰才開打四天，駐守在科威特及伊、科邊界的五十萬伊軍，竟然有十萬之衆搖白旗投降，其餘的也棄甲曳兵、落荒而逃；驍勇善戰有名的共和衛隊，也沒有發揮任何作用。這是場吊盡胃口，但卻荒謬無聊的戰爭，哈珊是個虛張聲勢的膿包，而布希也沒有什麼光彩，布希得到一場一面倒的勝利，可是嚴格說起來，他只是得到了一個令對方棄權的勝利。

哈珊曾經夢想要以自己的實力改變中東世界的秩序，哈珊和絕大多數阿拉伯人的中東秩序是什麼呢？那便是將英、美、法等的強國勢力逐出中東，將科威特、沙烏地等「買辦」政權趕走，使巴勒斯坦人在他們的故土，或者被以色列侵占後所剩下的土地建立家園。這個夢想已被這場荒謬的戰爭粉碎；列強將挾其摧枯拉朽的軍力更深更緊地掌握阿拉伯世界，「買辦」依舊是買辦，巴勒斯坦的建國復國願望，在短期內，將依然無法達成。

哈珊當然無法打勝這場戰爭，即使他打了勝仗，他恐怕也沒有能力改變阿拉伯世界的歷史處境，所以無論如何，哈珊確是個狂妄的傢伙。

戰爭結束，中東將展開重建，臺灣商人喜不自勝，追隨在列強及日本後頭，中東大餅的屑末，對臺灣也是無比的甜頭。戰爭給臺灣沒有帶來什麼沉思的機會，可預期的是股票將大漲，出口會暢旺，我們從來不會對阿拉伯民族的苦難表示過同情，我們在意的是眼前的商業利益，這一點顯示，我們在國際道義上，只想扮演侏儒的角色。

80・3・1

十億人民學雷鋒

中國人的悲哀，至少有一部分在於，統治者希望被統治者愚蠢，被統治者不但順從，而且比賽看誰最爲愚蠢，幾乎全體一心，提供宰制。歷史上這樣的例子眞也不少，但誰也想不到即將進入二十一世紀的今天，在中國的大地上，依然上演著一幕幕這樣荒謬的悲劇。

所謂「在齊太史簡、在晉董狐筆」；「爲張睢陽齒、爲顏常山舌」，歷史上還有些眞正的漢子，不願眞理被蒙蔽，以死自誓，挺身而出。但今天大陸，要找爲眞理奮鬥的人已不多，有自覺的知識分子，在這幕悲劇開演的時候，紛紛以層層的黑布將自己裹住，不然就將自我乾脆放棄，拿起小紅旗，與無知的羣衆一起鼓噪頌歌；這可能是這場荒謬劇之成爲悲劇的眞正核心。

從三月三日起，大陸又展開了一場「學雷鋒」的大運動，這個全國人民學習的對象，竟然是一個已死了三十年，生前沒沒無聞的解放軍小兵，這位小兵據說最愛服務，他替他的解放軍同袍洗衣補襪，爲生病的同志站衛兵，而且默默行善，不求報償，最後他爲服務而犧牲了。毛澤東於一九六三年三月五日號召全國人民學習這位無私無我的人民英雄，從此，雷鋒變成名震寰宇的人物，依附他的懿德善行，即使一百個雷鋒也做不完。

雷鋒是「毛主席的好戰士」，文革期間，雷鋒是「支持造反有理、革命左派」的急先鋒，文革之後，雷鋒的神話被逐漸淡忘。但六四之後，爲重振渙散的社會，雷鋒又被提出來做爲學習的楷模，這次的雷鋒，成了「打擊金錢崇拜」、「鼓勵社會健康潮流」的精神所繫了。

雷鋒是三十年前中國大陸的一個小人物，小人物也有可取的地方，學習其可取法之處，本來沒有什麼問題。問題出在令全國十億人口，不論智愚，一律以雷鋒爲榜樣，通都大邑、海陬小邨，到處掛滿學雷鋒的標語，這些標語口號，連科學院、社科院、各大學的圖書館研究室都不能免，試問，在科學或哲學的研究中，雷鋒精神，到底能發揮什麼指引的作用呢？

鼓勵人民消滅自我、奉獻犧牲，是所有獨裁者施於被統治者的魔咒。中國的智慧已所剩不多，任這把無知的火在中國繼續燒，是所有中國知識分子的罪惡。

80・3・5

期待中東長久和平

布希昨天在美國參衆兩院聯席會議的演講中宣布，對伊拉克侵略科威特所做的軍事制裁行動已經停止，美軍也立即分批從中東撤退回國。這場戰爭，至少在表面上看起來，以美軍爲主的聯軍確實已獲全勝，科威特已經光復，伊拉克方面，已接納所有停戰的要求，包括遵守所有聯合國的決議，等於是「無條件投降」。

經過這場戰爭，窮兵黷武的哈珊，恐怕在一定時間內無法東山再起，美國沒有必要在中東維持一個太大的兵力，所以越早撤軍，等於兌現了儘早結束戰爭的支票，對布希越是有利。但對伊拉克的制裁並沒有因此停止，布希依然要求管制中東地區的軍備，尤其對伊拉克在他未能使全世界相信他的和平意圖之前，不能讓他獲取任何戰爭武器。

布希撤軍及對伊拉克繼續禁武的宣布是正確的，我們樂觀其成。但中東少了一個哈珊，並不能顯示未來和平的前景，因爲懸宕已久的巴勒斯坦問題並沒有解決。哈珊被消滅了，對科威特、沙烏地阿拉伯的威脅解除了，伊朗也暗中高興，但對巴勒斯坦人卻是個打擊，他們失去一個撐腰的人，他們貧窮而且沒有立錐之地，現在又少了代言人，這些危機會激化他們破壞的情緒，這可能是未來中東的最大亂源。

美英等國以武力執行聯合國決議，逼降伊拉克、光復科威特，確實值得敬佩，但以色列近二十年來，侵佔鄰國土地，荼毒生靈的舉動，並沒有引起美英諸國的同樣對待。聯合國曾先後通過決議要求以色列退出加薩走廊、約旦河西岸以及戈蘭高地，以色列不但不予理會，反而更大肆移民，開拓爲其屯墾區，並將首都自特拉維夫遷至糾紛不斷的耶路撒冷，以宣示其對巴勒斯坦土地的統治權。以色列對其治下的巴勒斯坦人實施的是恐怖統治，而美英諸國，卻不斷供應其最新且具毀滅性的攻擊武器。

美英諸國在中東地區執行國際正義時，確實有兩套不同的價值標準。布希昨天也宣布：現在是解決以阿衝突的時候了。中東未來和平的眞正契機在於以阿衝突的徹底解決，而和平是應建築在公正的基礎之上，不偏執、不袒護，美國旣以「國際警察」自居，便應該對此有特別認識。

80・3・8

樹木與樹人

今天是國父孫中山先生逝世紀念日，國人將此日訂作植樹節，特饒意義。

中國雖然居北半球的溫帶，而且國土廣袤，但以富庶的程度來比較，不如同緯度的美國多多。首先，中國的西部是世界最高的高原，從西向東的河流，走勢湍急。它帶來的水利不如它沖刷作用所造成的禍害，中國文化的發源地黃河，是個最典型的例子。黃河在遠古可能不是這個樣子，它的流域有茂密的森林覆蓋，使它不易氾濫成災，但它成了文化的搖籃之後，它的周圍成了人類的集中地，籃內籃外聚滿了人頭，它從富裕變成貧窮，人們從高峨的宮室住進簡陋的窰洞，任意砍伐樹林的結果，使得黃土高原寸草不生，它即將成爲東方的伊索匹亞，在它前面，已完全消失的高昌、樓蘭古國是它的「歷史樣板」。

而這塊地上的人還要繼續舞著血紅的旗幟，似乎打算把綠色從地面上徹底地消滅。大陸從一九四九年到今天，森林覆蓋面積已經從原來的百分之十二降到百分之六，洞庭湖不斷縮小，成了原來面積的五分之三，……其結果是，氣候改變、水旱頻傳、沙漠擴大、國土流失。

臺灣事實上也好不到那裏去。森林資源在光復初期的濫採，已使得臺灣自傲的紅檜、扁柏等珍貴木材消失殆盡，其後加上林務官員與警察的包庇縱容，「山老鼠」的肆虐，臺灣的林業，已經到了枯竭的地步。臺灣地狹人稠，水源污染，土地惡質化，人民已經沒有什麼生存的空間，不須拿出任何政治上駭人聽聞的口號，臺灣人確實是在幹著亡國滅種的勾當。

人類因貪婪而大肆砍伐樹林，但生態破壞了，帶來的禍害卻不是短時間可以拯救過來：這是人類愚蠢的結果。人類不只健忘，而且沒有什麼自覺，歷史上興亡的故事似乎沒有給人類太多教訓，即使現在，在飲用的水和呼吸的空氣中充滿可怕的因子的時候，人們仍然沒有什麼自省自覺的表示。改善環境，必須注意綠化世界，多種樹，少砍樹；戒除貪婪、養成尊重自然的品格，應從教育入手。古人說：「十年樹木、百年樹人」，在這一天，尤其值得我們好好地想一想。

80·3·12

翻修天安門

報紙這兩天刊出中共翻修天安門廣場的照片。前年六四，中共以坦克和機槍對付廣場示威的學生，死人無算。坦克在帳篷與人堆中輾來輾去，機槍架在汽車上，朝人羣發射，聲光之慘烈，絕對不遜聯軍之夜襲巴格達；而巴格達的居民是遭「敵人」的轟炸，北京的民眾，卻是受他們「人民子弟兵」無情的殺戮，最荒謬的是中共國務院發言人袁木竟然公開發言稱，六四當天廣場上沒有死一個學生。

事後的解釋有好幾種：袁木說沒死一個學生，是指死的不是「一個」，而是無數；又有一種說法，是說沒死一個學生，因爲學生應該在學校唸書，到廣場來搗蛋的，是壞分子，是叛亂犯，不能算是學生。這些都是大陸小道消息，市井流傳，純屬無稽的。六四過了幾個月，廣場戒嚴取消後，來廣場觀光的人都不把眼光放在廣場的建築，而在人民英雄紀念碑四周，找尋被坦克碰損了的石階、石柱，還有石塊上怎麼清除也清除不了的，已經變成暗紅色的血跡。

翻修天安門廣場，將受損的石階石柱都換上新的，將血污的石塊擊碎，鏟除，而代之以一塊塊圭角嶄然，亮麗光澤的新的花崗岩，中共當局的心態到底是什麼呢？呼籲民主改革的民運領袖，大部分都逃到了國外，成了「失根的蘭花」，對國內民主、人權再也發揮不了任何作用；不幸留在國內的一小撮人，這兩個月，也紛紛給安頓就緒，王丹、任畹町都已正式關進監牢，中共在國內推行其引以爲傲的「中國式的社會主義」，一呼百諾，毫無阻礙。這時候抹去傷痕，粉飾太平，將不會遇到任何反對與難堪。

但這究竟是最好的辦法嗎？中共當局，到今天依然不放棄任何抹黑、污衊當年民運分子的機會，對國內的控制沒有一點點放鬆的跡象，除了經濟採取寬鬆開放的姿態，其餘的，控制得更死、更嚴。

集權社會的人民追求自由與清醒，是大勢所趨，東歐各國及蘇聯目前的處境，正是最好的說明。除非中共賦予人們更多的自由，朝向政治民主的路上開展，光換幾根漢白玉石柱，花崗岩石塊，是掃除不了人民心中的陰影的。

80・3・15

男女合校

臺北市教育局決定下學年度起，將市立成功高中與景美女中兩校試辦男女合校，引起景美女中強烈反彈，該校班聯會緊急向議會陳情，指責教育局欠缺周詳的評估即逕行決定。反觀男校成功高中，上自校長、下至學生，除呼籲加強設備之外，都高興地表示樂觀其成，期待的心理，溢於言表。不僅如此，在教育局召集的男女合校研討會中，與會的十一所國中、五所高中，男校校長皆十分贊同，而女校校長則多持反對的態度。男女合校的利弊得失，討論的人已多，所涉的理論，可以寫成幾部大書，但這個研討會討論的結果，卻稱不上與教育有什麼關聯，它回歸的主題，是人類自母系社會崩解後男女關係的新形式（儘管這個「新形式」已維持了數千年），即是：所有男女的遇合，吃虧的永遠是女方，佔便宜的永遠是男方；男校師生的竊笑，女校師生的憂心，莫不是基源於此。

當然，以此涵蓋所有並不公平。景美女中班聯會提出的五點反對聲明中有一點是：目前升學率較高的學校為男女分校，男女合校是否一定利多於弊值得重新考慮。這個依市場價值論來決定的教育方式，老實說，是我們教育的最大禍害，也是臺灣四十年來教育失敗的癥結所在。如果眞以升學率作為利弊的衡量手段，普遍實施男女合校之後對景美女中並不見得必然有壞的影響，反而可能有好的作用。因為卽使在獨立的女校之間，她的升學率一向並不是最高的，打破傳統體制，重新建立價值，景美女中可能得到更多機會，她應該歡迎才是。

把學校孤立於社會之外，實施一種烏托邦式的教育，對受教者與社會都不是資產，而是傷害。男女的正常交往，共同生活是我們社會的常態，在教育上，我們不但不能刻意迴避這種共同生活的經驗，而且應該積極地促成兩性的彼此認識，相互尊重，讓他們在青少年時卽習慣與異性相處，將來才能坦蕩蕩地步入社會。

但最重要的是這個認識：男女合校，對男校而言，不能算佔到便宜，對女校而言，絕不能算是吃虧。這是最起碼的心理建設。

80・3・19

李福清帶來的

蘇聯漢學家李福清教授（Dr. Boris L. Riftin），應淡江大學中文系之邀，今天起在該校以「淡江講座教授」的身分一連舉行三場學術演講。這是近五十年來，第一位蘇聯學者在臺灣正式講學。

長期以來，因爲政治，外交的緣故，臺灣的學術界不但被世界孤立，時間久了，也有自絕於世界的自閉症趨勢。這使得臺灣的學術在缺乏與外界的溝通與刺激之下放棄精進奮發，完成自我；另一方面則是，臺灣的學術迄今依然無法建立一個正確的世界觀，不但不了解世界，而且一旦當世界走向我們的時候，我們也手足失措地頓然不知自己所站的位置。

臺灣學界世界知識的淺陋，使得我們在某些地方顯得不恰當的自大，在某些地方又顯得卑弱而可憐。我們曾經「誤」以爲臺灣是世界漢學的唯一重鎭，因爲我們有故宮文物與復興文化的運動，但要我們爲故宮的一件器物和同時其他地區的器物作一比較，來說明中國文化在世界人類文明發展史上所扮的角色時，我們通常便瞠目結舌，不知所云了。

中國人歷代留下的文化遺產，在權利上也許是我們所擁有，在價值上，卻應該是世界人所共享，這便如「蒙娜麗莎」是羅浮宮博物館的收藏，但它的價值意義卻屬於全體人類共有。我們應該如此看待「漢學」，因爲漢學原本就是世界文化的一部分，將它放回原處，才能展現它的眞正價值與它汩汩不絕的原始生命力。

在李福清的三場演講中，他將介紹蘇聯的漢學研究情況，包括蘇聯所見的有關臺灣的資料。他對中國知識的博通，他運用自如的中文與國語，都令人驚訝，原來中國文化的根不只在臺灣，在大陸，甚至已深入俄羅斯最西邊的土地；李福清在一本著作中說，在列寧格勒美術館的收藏品裏，光是有關中國年畫的原作就有四千餘件，卽使在數量上，已經足以使人驚嘆了。

李福清的來訪，讓我們認識漢學的博大，也讓我們客觀地認識自己的眞實處境，我們需要努力。

80・3・22

違建之國

行政院長郝柏村昨天在全國建管會議閉幕典禮中致詞，他以極嚴厲的語氣，痛斥國內違章建築林立，竟然多到需要政府成立拆除大隊來導正的程度，簡直是全國共同的恥辱。

郝柏村的感受是正確的，這確實是全國共同的恥辱。我們的都市計畫，雜亂無章，綠地與建築的控制，往往不在政府，而在一批可以去打高爾夫的官商及民意代表手裏，他們掌握資源、操縱利益，把原來的「規劃」當作利益輸送的管道。眞正實行起來，早已被改得亂七八糟。上樑不正下樑歪，民衆看政府根本沒有執行公權力的意願與能力，所以也就霸佔巷道、砍伐路樹，把店面與住家任意的向四面擴充，弄得每一個角落都充斥著違建的境地。

這是一個在建築上享有高度自由的國度，雖然有關建管的法律細如牛毛，但執行起來，寬鬆得很。所以一幢大樓落成不到一個月，頂樓就加蓋起來了，地下室也封閉起來了，玻璃外築起了各式的鐵窗，陽臺被閉住，而成爲另一個房間，或者用鐵架把它推展出去，使它成爲高樓住家的後院或空中花園。違章建築就是這樣一寸寸地向外移動，最後奄有了全市、全國。

這跟我們政府與國民不守法的性格有關。光成立一個違建拆除大隊是沒有用的，因爲他們無力拆除全國的違建，更何況刁蠻的市民會指著他們的鼻子說：去拆除政府機關裏面的違建呀，不幸的是連公家機關往往也有一些違建。

除了不守法的性格外，我們國民的審美能力低淺，也是造成違建氾濫的重要原因；就是因爲我們的審美能力低淺，或者不具審美能力，才使得我們居住在這麼一個傖俗醜陋的城市而不覺其醜陋。守法可以藉用外力，但審美是一種內在的心靈活動，不全是外力所能左右的，因此，增加審美意識，改進審美能力，不是靠短期的「宣導」就能奏效的，它依靠教育、薰陶及每個國民的心靈自覺。這樣說來，期待違建之國擺脫醜陋，除了須要意志與努力還須要一些耐性。

80・3・26

面對「媒體統戰」

前幾天傳出中共將成立對臺廣播的電視臺，積極展開對臺「媒體統戰」的消息。這一項消息，並沒有獲得具體的證實；消息中指出，中共將租用亞洲衛星的頻道，但記者詢及設在香港的亞洲衛星總公司的負責人，該負責人答以未聞此說，並謂「亞衛一號」所有頻道，已被約租一空，換言之，亞洲衛星已無空餘頻道租給中共，提供對臺廣播之用，至少在一九九四年「亞洲二號」升空之前，臺灣方面的這項顧慮是多餘的。

我政府對此消息表示不以爲意，一位官員說，中共如設立電視臺對臺廣播將很難達成他們的統戰目的，原因是中共電視節目的品質低劣，無法吸引我方的觀衆，何況收視亞衛一號頻道，必須藉由中耳朵，國內小耳朵雖多，中耳朵尚少，所以中共卽使開播了，能收視的人也不多，影響不可能大。

但顧慮絕對是應該存在的，我們對政府官員不以爲意的態度深深地「不以爲然」，假如中共對我方的敵意未消（中共迄今猶不放棄對我的敵意，甚至不放棄任何「宣示」此一敵意的機會，錢其琛最近記者會的發言便是一例。）提供每個家庭螢光幕來讓中共發表他們對我方的敵意與侮辱，確實是不智的。中共電視節目確實比較低劣，但不是所有節目都比臺灣低劣，更何況三、四年之後中共可能「迎頭趕上」；今天臺灣的中耳朶不多，不能保證三、四年之後中耳朶不會多起來，更何況科技日新之後，收視對岸的節目也許根本不需要借助中耳朶。

臺灣應該視此爲一挑戰，假如雙方依然以「敵方」視之，此一戰鬥將十分激烈。抵抗中共以強勢媒體入侵，首先要健康臺灣的社會，臺灣社會要更民主而多元，並且要提升社會文化的內涵，唯有眞正健康的社會，才可能百毒不侵；另外，臺灣的電視界，也應該淬礪奮發一番，好好從本質上尋求改變，務使脫胎換骨，進入新的境界，否則，不但無法出手還擊，卽使想保持目前的收視成果，都必然發生問題。

80・3・29

看華約解散

一九九一年三月三十一日，成立了三十六年之久的華沙公約終於宣告解散。解散的儀式來得不尋常，因爲沒有任何集會、沒有任何標語與誓言，僅僅在由塔斯社宣布蘇聯指揮官放棄指揮權的聲明之後，這個曾是陸地上最大集結的軍事組織，從當天起，便立卽無聲地隱入歷史之中。

僅存的政治連屬關係，恐怕也不能維持久遠。華沙公約諸國互相約定，當解散了軍事同盟之後，依然保持政治的高度接觸；但看華約的龍頭老大蘇聯，十五個加盟共和國幾乎個個鬧分家，蘇聯這塊招牌能不能掛下去都成了問題，那有精力來管國外的事務？華沙公約的總部所在國波蘭已由反共的工運領袖華勒沙當選總統，共黨成了在野黨，捷克和匈牙利不要說不要共產黨，就連國名中的「人民」字樣，都被割捨拋棄了，保加利亞和羅馬尼亞都也在鬧家務事，而華約原本最堅強的前線堡壘東德，已在去年十月三日之後完全在地圖上消失。

變化實在來得太快了，令人手足無措；人類歷史上，恐怕再也找不出這麼大而快速的改變，未來，也可能難以遇上。恐怕不出幾個月，頂多一年，北約也會從體質上做根本的改變；對手已經消失了，這個軍事的結盟還保存做什麼？

這個變化到底好不好？現在還沒有定論。社會主義崩解、資本主義入侵的東歐現在正遭遇脫繭化蝶的痛苦；失業率增加、社會秩序紊亂、蜂擁而來的觀光客帶來庸俗的商業文明和犯罪，……這個「陣痛」到底要維持多久？陣痛過了是不是就眞的能羽化而登仙了呢？誰都不能保證。懷疑論者擡頭了，東歐各國或多或少地表現了它們的猶疑和憂慮。

但走回頭路，那是絕對不可能的了，東歐各國，現在都成了過河卒子，只有勇敢向前。至少他們已經了解，追求自由與民主，原來是要付出代價的。

華約散了，北約也將散，東西由意識形態所築成的壁壘，恐怕即將消失殆盡。人類將選擇那一種生活方式？或者人類將選擇那一種戰鬥方式來延續他們性格中的好戰因子？這個問題值得我們深思。

80・4・2

庫德族的悲哀

伊拉克北疆的庫德族，現在已遭遇可能被完全消滅的危險。庫德族人口大約一千萬人，分布在土耳其的南部、伊朗的西北、伊拉克的東北及敍利亞的東部，他們的人口之多和分布的地區之廣，在中東足以建立一個頗具規模的國家，但他們不幸深居中東內陸，列強畫分勢力範圍時，根本沒有注意到他們生存的權利，所以他們竟落到成爲四個國家中的少數民族。

兩伊戰爭時，在伊拉克的庫德族曾經起來反抗哈珊，尋求獨立，但哈珊對他們十分殘酷，以化學武器逼使他們投降。兩伊戰爭結束後，庫德族被哈珊控制得很緊，沒有給他們任何喘息的機會，直到波斯灣戰爭爆發，哈珊的部隊被打得潰不成軍，庫德族乘勢又舉起獨立的旗幟。

這一次反叛哈珊，主要是受到布希呼籲伊拉克內部推翻哈珊的影響，庫德族人以爲會得到外地至少美國的支持，何況哈珊戰敗，南部的什葉派的叛軍曾經佔領過伊拉克的第二大城巴斯拉，使得巴格達的革命衛隊顏面盡失；但哈珊部隊雖不敵多國聯軍，對付國內叛軍實力卻依然綽綽有餘，這時美國又按兵不動，並且聲稱不干涉伊拉克的內政，現在庫德族的據點，已一一被政府軍攻破。

這個災難雖然和歷史有關，但和美國搖擺不定的伊拉克政策確實關係重大，美國不支持庫德族人，就不應該在打敗伊拉克之後還號召伊拉克人民推翻哈珊；美國既要推翻哈珊，就不應該眼見哈珊肆虐庫德族人時不予制止。美國的軍力強大，卻缺少傑出的政治家，這一事實從他們對伊拉克及中東政策中，可以明顯地看出來。

要寄望聯合國來主持正義那更不可能。蘇聯被境內的獨立運動弄得焦頭爛額，中共反對藏獨和臺獨，當然不會支持庫德族以獨立爲訴求的反伊拉克行動。美、英在中東現有強大軍力，和伊拉克還未簽訂和約，但對此事也只有袖手作壁上觀，可見任何與自己利益無關的國際正義，斷無實踐的可能。

伊拉克境內的庫德族可能很難排除被殲滅的命運。雖然距離遙遠，但庫德族的遭遇，至少在某些方面值得做爲臺灣的殷鑑。

80・4・5

兩岸開大會

昨天，第一屆國民大會第二次臨時會在陽明山開幕的時候，對岸的「全國七屆人民代表大會第四次會議」在北京落幕。「人大」結束，「國大」開鑼，容易勾起某些人士玄妙的聯想。

而一般人注意的，無寧是兩個大會的排場和秩序。拜媒體傳播之賜，國人可以坐在家中參與對岸的「人大」，平心而論，「人大」排場的盛大與秩序的井然是我們「國大」所不能比較的，但如果從民主運作的效能來看國會的話，「人大」說穿了只是「人民政府」的橡皮圖章罷了，「人大」既沒有民意基礎，會議中間又聽不到任何反對聲音，所有「政府」的提案都照章通過，如此盛大的排場與井然的秩序不見得是光榮，反而是不折不扣的諷刺。

相形之下，我們這邊「國大」雖然也有缺乏民意基礎之苦，但反對的聲浪此起彼落，好不熱鬧，排場比較寒傖，秩序比較紊亂，都不是問題，問題是民主的精神是否貫徹，民意的管道是不是通暢。這次國大臨時會的主要議題在於廢除動員戡亂時期臨時條款和制定憲法增修條文，當這兩大任務完成了之後，本年底國會代表將依法新選，而缺乏民意基礎的老代表也將一併解職。到時候，民主精神將容易貫徹、民意管道也將不再阻塞；國民已經握有政府開出的這張必須於短期間兌現的支票，所以暫時的亂相和爭執，都在可以忍受之列了。

彼岸衆口同聲，像是軍隊答數，整齊畫一；此岸則擅改誓詞，羞辱元首，罵座打架，完全像野臺戲地亂來。一方戟矛森森，紀律嚴明，一方則如一盤散沙；這兩個社會還互相仇視，彼此想以自己的方式「統一」對方，在這個情況下，臺灣社會的處境實在堪憂。

在民主的過程中，「排排坐、吃果果」並不是最好的秩序，爭議反而是比較好的秩序，但再大的爭議也不能放棄對國家、對社會的認同。臺灣社會值得憂慮，在於反對者的最大訴求，往往置於對國家、社會的否定態度上，如此的缺少共識，形成臺灣社會在民主過程中的危機。

80・4・9

拒絕入境

行政院大陸委員會港澳處長厲威廉十四日赴港參加「香港臺北貿易中心」揭幕典禮，但在啓德機場便被香港政府拒絕入境。厲威廉原本持有香港的入境簽證，而且怕引起政治敏感，故意降低姿態，搭乘國泰航機以一般民衆辦理入境手續，想不到香港政府依然屈服於中共的壓力，臨時取消簽證，不准其入境。

香港政府此項舉止，說不上任何理由，首先，臺灣在香港的投資龐大，每年到香港觀光、過境的臺胞數以百萬計，爲香港的繁榮提供了極大的貢獻，香港對「臺北貿易中心」的成立不視作政治問題，卻對厲威廉的參與典禮視作政治問題，實在本末倒置得厲害。如果香港政府「上體君心」不願與臺北發生任何政治關係，他拒絕厲威廉入境，反而在媒體引起轟動，造成敏感，香港政府此舉，從任何一個角度而言都是不聰明的。

但我們沒有必要譴責香港政府，香港原本是一個殖民地，殖民地的政治思考模式是——

看主人的臉色，在一九九七年之前，香港的主人是英國，而九七年之後，「香港特別區」將是中共的一部分，現在雖然距離九七還有六年的光景，可是香港政治風向儀早已轉向，香港事實上已經淪陷。

香港既已淪陷，怎麼允許我們的「臺北貿易中心」成立呢？豈不知道，中共對香港和臺灣一向推行「一國兩制」嗎？所謂一國兩制是允許在一個國家內有兩種不同的制度同時存在，在中共的構想裏，臺灣和香港應該繼續以其經濟力量活躍於世界，這樣，一方面可以提昇中共自由的形象，一方面臺灣、香港的龐大資金將源源不絕地爲大陸發展提供幫助。這個想法也許是一廂情願，但確實是中共的最佳構想；在這個構想之下，中共允許臺灣到大陸搞經濟，但不准許臺灣在任何地方搞政治，即使不搞政治，而約略與政治有關，譬如有機會呈現臺灣爲一個有自主權的獨立實體，中共決心立刻予以封殺，毫不留情。

這次拒絕入境事件，暴露了臺灣在面對大陸時的眞正處境，値得那些一頭熱的人三思。

80・4・16

人道援助無須故作神秘

外交部長錢復昨天在立法院表示，外交部已建議行政院撥款救援刻正陷於危難的庫德族難民。不過，在時機與效果的政策衡量尚未獲得最後結論之前，外交部不願透露捐款數額及捐款方式，僅強調基於人道考量，已到了我們應該採取行動的時候了。

今天伊拉克北方的庫德族所遭遇的悲劇，是人類歷史上罕見的；他們在布希的「鼓勵」下揭竿而起，打算推翻哈珊、獨立建國，但布希只是嚷嚷而已，並沒有驅逐哈珊的行動，反而在伊南相繼撤兵，使得哈珊有餘力重整旗鼓，對付國內的叛軍。

配備和訓練只能打游擊的庫德族，當然不是伊拉克正規軍的敵手，所以一開戰，便摧枯拉朽地潰敗下來。哈珊與多國聯軍作戰毫無招架之力，但對付國內叛軍，卻是綽綽有餘，再加上哈珊對庫德族人，向來心狠手辣，毒氣瓦斯，無處不用其極，棄守的庫德族，只得逃往土耳其、伊朗境內，依附自己的同胞，但土、伊兩國也害怕過多湧入的庫德族將形成該國國內的亂源，所以紛紛關閉邊界，以致使得聚集在邊界逾百萬的難民，在饑凍的打擊下，每天有一千人以上的死亡，慘絕人寰。

我們贊成外交部的援助計畫，這個援助的目的只有一個，就是人道，沒有任何其他的含意，所以它是坦白而正直的；但我們奇怪外交部在提出這麼一個建議的時候，好像還是躲躲藏藏地見不得人似的，外交部爲什麼不能透露捐款的數額與捐款的方式呢？何況，依照錢復的語氣，這個援助還在「計畫」階段，如此故作神秘，確實令人有點匪夷所思了。

我們知道當前的世界情勢對我們的外交不利，十餘年來我們外交所遭遇的頓挫，足以寫一部震驚天下的「羞辱史」，瞻富的國力與困阨的外交，實在有點荒唐。當然這個形勢並不完全操縱在我們手上，但我們外交人員的處處看人臉色，仰人鼻息，這不敢碰，那不敢動，也確實斷送了許多開拓疆域的機會。就像這次人道援助庫德族，都要弄得如此神秘兮兮，我們外交處境的艱難，可由窺知一二了。

80・4・19

孫中山基金會

相對於我們的海峽基金會，據傳中共已同意設立一個名叫「孫中山基金會」的民間團體，以做爲相互間的對口機構。這個機構是由中共統戰部門、國務院臺辦、政協及財政部等單位所共同督導規劃，是因應五月間臺灣將宣布終止動員戡亂時期之後，處理兩岸人民之間頻繁往來所滋生的任何行爲與糾紛，其中還包括卅八年去臺人員在大陸個人或公司財產權益的處理等。

我們歡迎大陸方面對這個問題終於採取了積極呼應的態度。中共經常指責臺灣的許多行爲是「不顧現實」，其實眞正不顧現實的往往是中共，中共不肯以一個起碼的「政治實體」來看待臺灣，就是一個最典型、最嚴重的不顧現實的例子。中共老叫臺灣坐下來與他談判和平統一的事情，但當臺灣考慮談判一事時，他又提出「黨對黨」、「省對省」談判的原則，絕對不願以平起平坐的姿態與臺灣對談，他完全不顧在臺灣的中華民國政府在外還有二十餘國的外交承認，在內國民黨對臺灣社會的控制力已經消退得所剩不多，這是中共不了解事實或者根本不承認現實的地方。

與這樣一個不顧事實或者抹煞現實的政權交往是一項危險的事。好在大陸方面似乎了解了這事的嚴重性，再爭排名、秩序，將永遠接觸不到事實的核心。「孫中山基金會」的成立，是一個很好的開始，它可以將兩岸長期以來的意識對抗轉換成現實事務的討論解決，兩岸四十餘年以來的隔絕，有許多事須要重新做起，法律的歧異、商務、民事糾紛的仲裁，文化的交流，處處都存有亟待解決的問題；有這樣一個充分被政府所授權，而又沒有什麼名目上好爭議的機構來協商處理，是直到目前爲止看起來最好的辦法。

大陸的「孫中山基金會」還沒有正式成立，其「業務」也還沒有展開，對它的批評可能有無的放矢之嫌。但平心而論，這個基金會的名字實在取得高明，孫中山先生是兩岸政府與人民所共同景仰的人物，將他的大名亮出來，有助於兩岸以同化異、水乳交融。當然，這樣還是不夠的，我們期待他們有眞正善意與高明的行動。

80・4・23

停止心戰喊話

中共新華社前天宣布廈門沿海地區有線廣播站即日起停止對金門的心戰喊話，這是一九七九年中共宣布停止對我金馬地區礮擊之後又一次「友好」表示，儘管這次行動的象徵意義大於實質意義，但還是值得歡迎。

兩岸統一的問題，有人以爲越快解決越好，有人認爲應審愼將事，甚至有人根本予以反對。見解的差距極大，而有一點是彼此的共識，那就是兩岸從對立敵視到和平相處，是大家都樂於見到的，停止心戰喊話，是朝這個目標走了一步，所以值得歡迎。

臺灣在「國家統一綱領」中一直期待中共的「善意回應」，很多人將中共的此一宣布當作具體的善意回應。我們以爲，中共在此一方的善意是有的，但與中共能夠付出的眞實善意來比較，這個善意無寧說是很小很小的，交出這麼一個小小的善意，並不値得對方感激涕零。要紓解臺灣的緊張與不信任，中共應該更大方一點才對，當然，臺灣也要相對地付出一些。

我們說停止喊話只是一個小小的善意，原因是前線的喊話，早已沒有什麼心戰的作用了。除了製造噪音之外，喊話已不足以動搖對方的軍心：何況在新的形勢之下，動搖對方的軍心對自己也根本沒有什麼好處。對方突然來了一師投誠的軍隊該怎麼辦？老實說，兩岸的國防部都不歡迎此刻有此尷尬的事情發生，所以乾脆停止喊話，彼此圖個清靜。

古人說：「勿以善小而不爲」，小小的善意也值得珍視。但兩岸放棄敵意，恐怕有更大的步子要跨。中共發動會員，對我在「亞洲開發基金」的捐款表示不滿，希望我們一次捐款至少在美金兩千萬以上，而眞正受惠的是貸款國中共。中共只願單方受惠，卻不願表示任何「善意」，中共堅決表示除了亞銀之外，中共不准許臺灣採用同樣模式出現任何國際社會，甚至臺灣用的名稱是「中華臺北」也不可以；另外，中共也表示，除非中共是宗主國，中共絕不准許臺灣以獨立的個體加入GATT，這是中共亞銀代表團發言人張小康昨天在溫哥華斬釘截鐵的發言，拿來和停止心戰喊話的聲明比較，我們有理由要求中共拿出較大的善意，同時，我們對兩岸關係的發展，在樂觀中應保持審愼。

80・4・26

談判的原則

中共對海基會的拜訪，不能不接待，但多少有點接待得不甘不願，原因是海基會是一個名義上的「民間機構」，雖然受到「臺灣當局」的有限授權，但畢竟不是眞正的「臺灣當局」，臺灣伸出手來是有誠意的，但誠意還是有限，中共把這個比喩成「戴著手套的手」，中共不解，臺灣既然伸手，爲什麼不痛快地脫掉手套呢？

臺灣並不是不想脫掉手套，但脫掉手套之後，中共的巨掌根本不把臺灣的小手放在眼裏，中共不希望在他巨掌控制之下，還有一隻小手在「搞飛機、玩花樣」，所以臺灣不得不暫時戴著那副自己也嫌不方便的手套，至少可以略微保護自己。

談判最起碼的原則是平等與現實，中共以強大的力量逼迫臺灣坐下來談判「祖國統一大業」，但從來不給臺灣平等的談判地位，而且只顧他們強調的「現實」，不顧臺灣的現實，這是談判無法進行的基本原因。

老子訓誡兒子、長官告示屬下不能算是談判，要談判必須有讓對方平起平坐的雅量，中共要求臺灣坐下來談判，可是老不給臺灣適當的座位，要什麼「省對省」、「黨對黨」談判。臺灣省與福建省是可以談兩省有關的事務性的問題的，可是談「臺灣回歸祖國」這類問題，兩省都沒有置喙的餘地。共產黨與國民黨當然也可以談判，但那是他們兩黨的事，即使在大陸，黨和國還是有分別的，更不用說是在臺灣了。國民黨雖然是執政黨，而在民主國家，所有執政黨都隨時要準備下臺的，即使在執政時期，他的黨對政府也只有建議權，不能像共產黨對其政府可以頤指氣使地發出命令，然後一一地要求貫徹實行。

這是一個現實，而中共從來無視臺灣的這個現實。中共將中華民國看成已亡故了四十二年的政權，但這個在其眼中早已消失的政權依然獲得世界二十餘國的外交承認，而且在他的領域內有效地遂行其政權與治權，無視或者忽視這個事實，對大局而言，是有害無益的，中共既然不願意和戴手套的手握手，而當對方脫下手套，中共必須以合理的態度與之相對。如果眞要談判，必須平起平坐，給雙方準備大小高矮完全相等的椅子。

80・4・30

第二輯

中國大陸民主運動應該超黨派超畛域

——我們對「民主中國陣線」的期待

以六四慘案後陸續逃出大陸的學運民運領袖爲主所發起的「民主中國陣線」即將在兩個月內成立，該陣線秘書長萬潤南廿九日表示，「民主中國陣線」是介於嚴密與聯誼性之間的組織，基本綱領是「反對六四屠殺、支持八九民運」，主要在集合流亡海外的中國知識分子，爲中國未來民主的發展貢獻心力。

對這個以實施全中國民主化爲襟抱的組織，我們樂觀其成，當然也願盡所有力量支援，在這個組織即將成立的時候，我們願意把心中的祝福與支持，凝聚成幾個意見，提供做爲將來的參考。

今年四月到六月，北京天安門廣場聚集了成千上萬的學生，他們最初僅僅是悼念胡耀邦的死亡，但當學生的哀傷和期望得不到正常管道抒發之後，逐漸形成了知識青年對腐敗政權的抗爭。這個抗爭的面積不斷擴大，參與的人愈來愈多，終於引發六四屠殺慘案，中共竟然以機槍、坦克面對愛國但手無寸鐵的學生和民衆，在舉世睽睽之下，毫無顧忌地展開其令人類蒙羞的殺戮行為。六月四日無疑是中國近代歷史上最昏暗的日子，對長期以來中國人民追求自由、民主的奮鬥而言，也是個最大且極其殘酷的打擊。但展望未來，雖然充滿了險阻及考驗，中國民主的前途，依然可以說是光明的，原因是自由與民主的理念已經由這次運動而深契人心，學生與民衆的流血犧牲，不僅沒有阻止人民追求自由民主的信心，反而喚醒了他們。我們預期，在未來幾年的中國大陸，將不斷有民主運動興起，而且將一次比一次盛大，那種沛然莫之能禦的力量是沒有任何政權可以抵抗得住的，中共自不例外。

現在大陸的學運、民運領袖如嚴家其、吾爾開希、蘇紹智等紛紛逃離大陸，抵達西方國家，試圖在海外成立「民主中國陣線」，聯合所有海外的中國人為國內的民主運動推波助瀾。表面上看來，這是一場充滿無奈的悲劇，民主和自由在「不地著」的狀況下，卽使高唱入雲，依然是個空洞、虛無的假象。但從深入及長遠的角度來看，這個陣線的成立是有其積極意義的。前面說過，民主自由已深契大陸同胞的內心，那麼，在廣大的中國土地上，已經埋下了無數的種子，等待春風一到便能夠發芽、滋長、茁壯，嘉樹成蔭，榮景可期；海外的

「民主中國陣線」的領袖現在所要做的工作，即是以他們在大陸從事學運民運的聲望，團結海外中國人的人心，使得吹拂中國自由民主的春風能夠早日成形。

但由這兩天在芝加哥舉行的「全美中國學生學者聯合會」看來，大陸學運民運領袖與海外留學生及學者之間的意見十分分歧，加上各方勢力都想介入，益使這一場海外中國人的聚會，充滿了一種險巇的意味。即以尚未正式成立的「民主中國陣線」本身而言，內部即發生是否應將該組織發展成一政黨的爭執。我們擔心，這個爲支援大陸同胞爭取自由民主的春風還沒有形成，便被以自我爲中心所造成的小型風暴所抵銷、所摧毀。如果確然，將是十分可惜的事。

所以我們期望，不論是剛成立的「全美中國學生學者聯合會」也好，即將成立的「民主中國陣線」也好，都要有強大的包容能力，不從事分化，而追求整體和團結，不要求併吞對方，而設法奉獻自我，融合成一體，共同爲中國未來民主的前程奮鬥。

中國大陸的民主運動潛入地下，學運民運領袖流落海外，確實是令人心痛的結果。但現居海外的人士千萬不能氣餒，因二十世紀以來，許多驚天動地的革命，都是由海外發起，不久即在國內引起巨變，孫中山先生領導的國民革命，便是最好的證明。二次大戰後，許多國家的內政改革，也多源自外來的支援或壓力，海外勢力之不可忽視，可見一斑。有此認識和胸襟，也是從事海外運動者所必需。

另外，在嚴家其、吾爾開希等到達美國的時候，傳出國民黨海工會主任鄭心雄經秘密管道與之相見的消息，事後雖經吾爾開希公開否認，但繪聲繪影之下，已使得這個本屬單純的海外支援中國民主化運動蒙上一層陰影，有識之士無不擔心這個運動又墜入長久以來的國共鬥爭之中，就連民主、自由的理念都會變質成爲意識型態的口號，對整個中國的民主前途，無疑將造成傷害。我們贊同嚴家其、蘇紹智等的主張，即是爭取大陸民主的運動，應該超越現有的黨派及地域的畛界，而以全中國人的整體利益爲出發點，盡量避免黨同伐異所造成的負面效果，所以，我們願乘此機會也呼籲國民黨當局，今天海外的局勢雖然有利於自己，民主自由的理念也無法排出反共的成分，但還是應該多作節制，千萬不要在此敏感時刻急急介入，逼得「民主中國陣線」表明態度不與臺北接觸。如此固然顏面盡失，即使該組織答應接受臺北的援助成爲國民黨的卵翼，恐怕對整個大陸未來的民主運動，也是戕害而不是造福，是損失而不是幫助，這一點，有識見的國民黨應該可以想到。

78・7・31

從速建立進步的文官制度

——正視高普考應試人數遽降的警示

七十八年公務人員高等及普通考試已於本月廿五日正式結束。今年兩級考試的報名人數共四萬六千九百十七人，與五、六年前動輒七、八萬人相較，已明顯降低，不可同日而語；而缺考率更是驚人，兩項考試共缺考一萬五千四百十八人，佔報考人數的百分之三十三。

有趣的是近四年來，高普考的報名人數由七十五年的七萬四千餘人、七十六年的六萬六千餘人、七十七年的五萬三千餘人到今年的四萬六千餘人，每年平均減少近萬人，減幅不可謂不大，這個由考試院主辦的年度最重要考試，無疑已漸趨沒落。分析此一現象，不外以下幾個原因：

一、社會已經眞正步入所謂的「多元化」，以往學而優則仕的觀念，已被三百六十行、行行出狀元的觀念所取代，甚至於籠統的所謂治國、平天下之學，已不再受人重視。社會更重視的是專門的學養、精熟的技術，以求在此分工細密的社會謀求一方的嶄露頭角。知識分子可以在各方面受人肯定，不再需要經過傳統的仕宦一途。

二、公務人員生活雖然較有保障，但四十年來承平且日趨繁榮的社會，已使保障的意義降低，甚至變得無意義；而中、高級公務人員與同級的企業從業人員比較，待遇相差懸殊，升遷的管道，前者也多有窒礙，不如後者的暢通。

三、解嚴以後，社會發生相當大的變化，民主意識高張，民衆權利觀念擡頭，使得傳統社會主從的關係產生異位的現象，民衆爭取權利不論走議會或街頭的路線，都將衝突與抗爭的矛頭對準政府機關或公務人員，公務人員原來的「官威」不但蕩然無存，且幾乎成了民衆指責辱罵的唯一對象，以致使公務人員充滿了挫折與無力感。

四、七十六年起依新的公務人員考試法規定，高普考試筆試及格，尚須經過一年的訓練，方能取得任職資格，雖然此規定並無不當，但對僅想一試的應考人而言，產生了動機上的阻力。

時代在變，社會在變，價值觀的異動，本是無可奈何的事。何況社會進入多元化之後，傳統的一試定終身固然有失公正，且已失去了作用及意義。原因是社會的每一階層、每一行業已隱然成一嚴格的試場，要想出人頭地，可能須通過比以往更多的考試而絕無僥倖。在此情況下，我們本無須爲日漸式微的高普考試而擔憂；但高普考試，畢竟是政府掄才、挑選優秀人員的最正式管道，一個健全的政府組織、完密的文官制度，優秀而有擔當的公務人員，依然是推動國家、社會進步的重要基礎。我們並不擔心多元化帶來的一些根本變化，可是我們擔心在公職人員士氣低落、素質降低的狀況下，可能出現「禮壞法崩」的局面，到時候設法挽救可能就不容易了。

要延攬更多有志有才的知識分子進入政府工作，除改善公務人員的工作環境與待遇外，建立一套更進步的文官制度，也是刻不容緩的前瞻性工作。因此我們認爲政府有關部門應該做的事：

一、重新檢討並修訂公務人員俸給法，儘量拉平與民間企業薪資的差距，並明確規定調整的幅度與程序，務使優厚的薪俸及福利不但可以維持公務人員豐足的生活，而且是一項榮譽。

二、政府機構必須朝精減化發展，因爲公務機構的過分龐大，則必然要豢養過多的冗員，而冗員的充斥，不僅降低了公務員的素質，也使政府對提高待遇有力不從心之感。

三、暢通公務員升遷管道。公務人員的升遷，受銓敘及考績等因素的影響，層層關卡及阻礙，不如民間企業的機動而富彈性。有些公務員服務熱誠，積極任事，但每臨升擢機會總被「空降部隊」佔去，多次之後，自然灰心喪志。是故政府任用官員，除非有特殊必要，應盡量拔擢優秀成員爲高級負責人，如此方可穩定軍心，加強士氣。

四、肯定高普考試有不可取代的重要性。高普考既然是國家最重要的掄才考試，它的公平性必須維護，它的尊嚴也必須維持。爲了維護它的公平性，考試的方式須配合時代的趨勢；命題與閱卷，也須求合理與應合現實，如此才能避免與時代脫節，而選擇眞正優秀幹濟的人才。爲了維持它的尊嚴，不可以其他次要的考試陵替其上，如不定期舉辦並且極不公正的甲種特考，不但擾亂了考政，也對高普考及格人員造成極大的打擊。

以上四點如能確實做到，必定能鼓勵現有的公務人員，並且能夠吸引更多優秀的人才加入公職陣容，爲國服務。「中興以人才爲本」，此口號喊了近四十年，也許已失去其作爲警語的意義，但人才的培養與選拔，確實是建國之綱領，不容稍作懷疑。近年高普考試報考人數銳減，應視爲一個警訊，政府應提早規劃改進有關考試、任用、俸給等制度，以期配合時代的進步，綢繆於未雨。

78・8・28

從速確定立國方向及大陸政策

中共《瞭望》週刊十六日發表一篇署名的文章，再度批評中華民國的外交政策，指控臺灣以其經濟實力推行「彈性外交」，實際上是製造「兩個中國」或「一中一臺」，文中並分析了臺灣在蔣經國時代的「實質外交」與當前「彈性外交」的本質區別，該文認爲，雖然二者都是臺灣在國際上處於孤立情況下所採取的「外交手法」，但「實質外交」基本上是在堅持一個中國原則下，發展與他國的各項關係；而「彈性外交」則是在違背一個中國的原則下，運用經貿實力，「突破或提昇實質外交爲主的對外關係」，謀求使臺灣成爲具有國際人格的獨立政治實體，客觀上形成「兩個中國」的局面。

這是《瞭望》繼上週刊載題名爲「北京權威人士談有關臺灣問題」的文章後，又對臺灣當局所施的警告。在上週的文章中，中共以我與格瑞那達建交爲「嚴重事態」，恫嚇我方不得採用「彈性外交」及「雙重承認」。

這兩篇文章，可以說是中共當局六四以來對兩岸關係的總評述。大致說來，文章的語氣尚屬低緩，沒有以往所顯示的高昂語調及霸氣，對臺灣近年來所推行的大陸政策，整體而言是褒揚多於貶抑，唯獨對六四之後我民間支援大陸民運及我外交活動轉趨積極，顯得緊張而語帶恫嚇。

中共在六四之後，對臺灣的發言，明顯有層次逐漸降低的趨勢。九月十五日，中共國務院對臺辦公室副主任唐樹備曾呼籲國共兩黨先就兩岸交流所發生的一些具體問題進行磋商，並宣布臺灣記者赴大陸採訪應注意的七點事項：唐樹備所舉磋商的問題包括大陸婦女被誘迫到臺賣淫、勞工問題及野生動物走私問題，這些問題都顯得飣餖而瑣碎，純屬現象而無關本體。《瞭望》所刊的文章，雖然所談的問題較爲重要，也表現了中共對臺政策的「一貫精神」，但《瞭望》僅爲中共對外發行的刊物，署名的人物也不具顯著的官方地位，由此可見，中共近期的對臺政策，是在內鬥方殷無力顧及外務情況下的產物，「率由舊章」地標舉「一國兩制」、「和平統一」的口號，並無任何新意。

中共近日的內鬥可由中共實際領導人鄧小平數月「失蹤」可窺一斑。六四之後，鄧李的領導權表面上穩固，但趙紫陽新倒，其手下或被定罪、或逃亡外地、或伺機反撲，都是動亂的根源；八月中傳出楊尚昆與秦基偉不合，七大軍區各擁山頭，形同割據；民運人士多流亡各地，傳播自由、民主的訊息於全國，而一部分人士逃離大陸，在海外共組聯盟以反抗中共政權。這些「內憂外患」均令中共窮於應付，對臺政策無法推陳出新，並且派小號人物以應付場面，當是必然的結果。

但是回過頭來觀察我們對大陸的態度，檢討我們的大陸政策，確實也是乏善可陳。唐樹備所列舉的大陸妹、勞工、野生動物走私等雖屬層次較低的問題，但畢竟還是問題，我們政府好像任其發生，一無解決的意願及辦法；政府對大陸民運、學運的呼應與支持，顯然也像投鼠忌器式的沒有盡到應盡的心力。我們對大陸的政策，可以說沒有宏闊的企圖心與堅定的原則，只是走一步算一步，毫無架構規模可言。針對目前大陸官員及刊物對我方的批評，我們在形勢上仍然處於被動局面。如何能反被動爲主動，希望政府能做到以下三件事：

一、從速徹底檢討現階段大陸政策，並確定合理可行的原則。兩岸交流後衍生許多法律事件，如不能由政府出面解決，我們主張，政府可授權某些民間團體仲裁及處理此類問題，就像許多外國政府以商務機構處理我國人民的簽證一樣。政府應宣布大陸政策的最後底線在那裏，好讓下級單位更果決地處理有關事件。

二、政府在「一個中國」的原則下，應強調統一是最後的目標，但在最後目標實現之前，我方的獨立生存不容忽視。因此爭取我們的國際人格，爭取與外人平等互惠的交往是不可剝奪的權利；中共如要求兩岸交流、和平統一，首先應承認我爲獨立於中共統治之外的一政治實體，否則只有以大吃小，絕無平等談判之可能。

三、政府應強調中國未來的統一應建立在自由與民主的基礎之上，絕非政黨之間私相授受的結果。基於這個原則，政府應催促中共在期限內實施自由、民主的改革，在這個改革沒有見到具體成效之前，政府應聲明積極支持大陸人民追求自由、民主的運動，因爲與人民結合的政府才是眞正的政府，與人民意願相合的統一才是眞正的統一。

要求做到這三件事，並非是對中共「統戰」的反制，而是在積極認定自己的地位後，並肯定自己奮鬥的方向。我們應表明自己的態度：對中共同情的呼應我們深爲歡迎，對中共欲置我死地的言行，我們當然要強烈地反對，因爲，求生存，卽使是對政府而言，也是個不可牴牾的神聖權利！

78・9・18

維護教師權利、提昇教師尊嚴

今天是至聖先師孔子二五三九年的誕生紀念日，也是教師節。兩千餘年來，時代潮流、社會風氣都在不停地改變，唯獨教師對社會、國家的貢獻有目共睹，始終不變。〈學記〉說：「師嚴然後道尊，道尊然後民知敬學」，道出教師對知識傳承，對建立及維護社會善良風氣所作的貢獻。

但在日新月異的現代社會中，傳統的價值不得不隨時修正、調適，以應付現實的需要；在崇尚數化、類化的今天，教師也不免在數量上、類別上配合社會的需求而作自我調整。雖然他們仍然延續著兩千餘年以來傳道、授業、解惑的職責，但他們與古代教師比較，更像個出售知識或見解的商人。可是，尊嚴仍然是必要的，因爲卽使是商人，在這個多元的社會中，也有他不容忽視的生存權利和他的職業尊嚴。

刻正在全國蓬勃發展的各級教師聯誼組織，常拈出「教師人權」爲口號，以爭取教師本身的福利。但各個組織常因組織不健全、力量分散而抵銷或減弱了其投訴的主題。其實，「教師人權」所要爭的，應該放在工作權之不容剝奪與教師尊嚴之不容否定兩個主題之上。

教師工作權之不容剝奪，其積極的說法是教師的工作權應予以保護，非經客觀而合法的檢定，不得予以限制或剝奪。但我們檢視現行的法令規章和一般的現況，發現有三個問題亟須儘速解決：

一、現行的教育法規對有志及有能力從事教育的人作各種無理的限制，使他們無法從事教育工作，以致教育界成爲一潭死水，無法受到外界的激盪與刺激。陳陳相因的結果，使學校自外於社會，這是一個十分危險的現象。一方面剝奪了有志教育人士的工作機會，一方面阻礙了教育發展的生機。這種情況尤以中、小學最爲顯著。因此我們建議廢除師範學校之外的畢業生不能擔任中、小學教師的限制，容許各級學校開授教育課程，並公平舉行甄試選取教師，以暢通教師任用的管道，爲僵化的學校教育注入新血。

二、中等以上學校現職教師的專業工作不受保障，也是忽視工作權的一例。由於中等以上學校之教師爲聘任制，而聘任與否的權力往往掌握在行政首長的手中。校長可憑個人的好惡決定聘任的對象，此不僅威脅到教師的生存，對學校教育，也形成某種程度的戕害。我們建議教師在通過試用的過程後，應發給長期或永久聘書，以保證其合法的工作權利。

三、不適任或已屆退休年限的教師未能妥善處理安排，以致學校冗員與廢人充斥，阻礙其他教師升遷及新進教師就職的管道，對學校正常的教學活動，造成了極大的傷害。我們建議政府應廣籌經費，並嚴格考覈，令不適任者資遣，及齡者退休，維護正常、優秀的教師有工作的機會。

對教師尊嚴的不容否定，我們有兩個看法：

一、學校教育應以師生的活動爲主，行政的目的只在配合師生的教學活動，而非教育的主體。但我們現行的學校教育，幾乎多以校長所領導的行政體系爲基礎，師生的教學，反而成爲學校次要的活動，這可由幾乎所有學校的主體建築都是行政大樓看出端倪，而校長室，必然位於此主體建築的中央部分。校長及行政部門權力的過分膨脹，對教師的尊嚴形成了負面的影響，行政單位的過當干預，也扭曲了教學的正常作用，等於變相鼓勵學生崇拜權勢，輕視學養及德行。

二、教師的社會尊嚴，當然與他的待遇有密切關係，但只僅於提高教師的待遇，並不能保證教師的尊嚴受到社會肯定。其實社會風氣才是主因，而造成這種社會風氣，我們政府的領導人則難辭其咎。十餘年來，我們自詡於臺灣的經濟成就，對於文化建設、人文精神的提昇從未著力，以致使社會瀰漫著一片重利輕義的短視之風。當教師都趕到證券行炒作股票、謀求倖得暴利的時候，教師尊嚴的陵夷，當然可以想見。

教育爲百年的大計，成效看似遲緩，但對國家、對社會的影響絕對深遠；而教師無疑是教育過程中的靈魂人物，教師素質的良窳、士氣的高低、教學法的是否正確，不僅左右時代的脈動，並且影響歷史的發展。所以自古以來，便有「良師興國」的說法。以功利的角度而言，國家應從各種方向保障教師的工作權利，肯定教師的尊嚴，因爲除非如此，社會不能蒙受教育的利益；以倫理的角度而言，教師爲社會倫理中不可或缺的一環，肯定與尊重教師，是合乎道德的行爲。

當然，教師的工作權須通過法律並要求社會大衆共同維護，至於肯定並提昇教師的尊嚴，恐怕不能完全依賴社會，而大部分的責任應該放在教師本人的身上了。〈學記〉上說：「大學之禮，雖詔於天子，無北面，所以尊師也。」古代教師面對天子可不北面稱臣，固有待於天子的雅量，但教師本身的道德、學養及對社會的貢獻，也是他俯仰無愧，無須稱臣的條件。可見自尊而後人尊，依然是千古顛躓不破的眞理，值得我們深思。

78・9・28

中國大陸人民的前途何在

——中共政權四十週年的反思

四十年前的今天，也就是西元一九四九年十月一日，定名爲「中華人民共和國」的政權在北京成立，血紅的五星旗在當時更爲廣闊的天安門廣場升起，毛澤東站在天安門上向羣衆演說，「中國人站起來了」一語方畢，廣場衆人歡呼雷動。一個代表中國人災難的政權於焉建立。

今天，這個政權已經成立了整整四十年，四十年於人類的歷史而言，是個短暫的時間，而對親身經歷過的人而言，這四十年卻是個緜長得幾乎永恆的經驗。中共的武裝革命，奪取政權，確實一度改造了時代；但，四十年來，它爲中國帶來的到底是光榮還是屈辱、是幸福還是悲傷？在廣大的世界舞臺上，中國人眞的自反而縮地站立起來了嗎？

答案是否定的。儘管同樣是中國人而一貫與這個政權採相對立場的我們也不願意見到這個答案，但答案的客觀事實卻不容懷疑：

一、這是人類歷史上屠殺本國人民最多的政權。依據統計，中共政權在成立之後的三十年內屠殺人民達四千萬人之衆；大陸作家古華在〈寫給北京國難日〉一文中曾說，自一九五九至一九六一中共進行「三面紅旗」運動時，屠殺的生靈卽達五、六千萬人，依據一九八〇年中共高級黨校廿九省市省委書記讀書班學員統計，三年死亡人數共兩千兩百萬人，這個數目後經中共中央公開承認。中共也公開承認十年文革中死亡人數逾兩千萬人，而實際數字，尙遠不只如此，卽以中共後來公布的資料看來，中共在實施人民公社之後的一九六七至六八兩年中，在廣西一省被所謂「貧下中農最高法庭」處死活埋的就有十一萬人，其餘可以推想。中共在取得政權後所犯殺戮同胞的罪行，確實是罄竹難書。

二、這是人類歷史中僅見的戕害歷史、斲喪文化的政權。中華民族是歷史悠久的民族，文化上的成就已成爲世界整體文明中極重要而且極爲珍貴的部分，但中共在建立政權後，對這個文化資產，不斷從最根本的地方加以傷害。孔子與其他的歷史聖哲，被惡意詆毀，先人留下的歷史遺跡，被刻意破壞；而文革浩劫，則是人類史中最大規模的自毀行爲，像這樣一個扭曲人性、毀滅道德的政權爲古往今來所罕見。

三、這個政權在長期執政後依舊使它的國家陷於貧窮落後之中。中國有世界最多的人口，但中共政權沒有將之成爲龐大的生產力，卻任他變成消耗的負擔；中國土地面積爲世界第三位，大部分國土居於溫帶，但中共政權卻將這塊土地變成世界最貧瘠的土地之一，森林覆蓋面積從一九四九年前的百分之二十幾到現在的百分之六不足，而至今國民所得尚不及美金三百元，不僅不能與自由世界的國家比較，卽使在共產世界中，也位居最後，和死守教條的阿爾巴尼亞、北韓等不相上下。

四、這是當今世界最專制獨裁、最迷信武力的政權。這個政權雖名稱爲「人民共和國」，但人民從未有發言的權利，所謂「憲法」，曾一度將國家領導人的「親密戰友及接班人」規定在憲法條文之中，舉世爲之譁然，被文明社會傳爲笑柄。直至今日，中共政權依舊掌握在老邁昏庸的獨夫手裏，這個人雖然說準備退休了，至少表示已退居第二線，但他從來沒有放棄對政權的絕對控制，而且牢牢地抓住軍權。獨裁是這個政權的傳統，而掌握軍權其實就是掌握了國家。因此，直到今天，在談到臺灣問題時，依然不宣布放棄武力。

這個政權屠殺人民、戕害文化，造成整個國家落後貧窮，而且專制獨裁，窮兵黷武；它能度過四十年而不被推翻，也是人類歷史上罕見的異數。有人認爲，這個政權在近年來的改革成就，不能完全忽視抹煞；它的國民所得已經逐年提高，它加諸人民的禁制已日見減輕，它已容許部分民意有傳達宣抒的管道；近十年，它所殺戮的人民確實已明顯地減少。但，自六四以後，中共政權的表現，依然延續其獨裁、凶殘的本質。這個政權，帶給人民的不是光榮只有屈辱，不是幸福只有悲傷，不僅是苦難的中國人，全世界有良知的人都能清楚地感覺出來。

今天，中共政權在血瀋未乾的天安門廣場展開它「建國」四十週年的慶典，荷槍實彈的解放軍監視著廣場上的每一個人，以防「動亂」再起。可是海外的中國人，都充滿悲憤地作爲「國殤」來紀念，對所有的中國人而言，今天確實是悲傷的日子，因爲四十年過去了，中國人的希望卻變得更黯淡、更渺茫。

因此我們認爲今天是所有中國人一起哀悼與省思的日子。我們不能期待中共會主動放棄獨裁專制的本質，也不可能立刻施行民主法治。只要看看他們對付民運人士的各種作法，就可以舉一反三。不過我們也不能因此而悲觀消極，因爲在最黑暗的時刻往往就是黎明的前夕。而黎明的曙光可以從以下兩點看出：

㈠包括蘇聯在內的東歐國家，最近以來紛紛揚棄共產教條，大步走向開放改革，中共卽使到今天仍然反西方自由國家，但卻不能無視於東歐國家的重要轉變，因爲他們已經給自己找到一條活路，中共爲什麼不正視其發展？

㈡海外民運人士已經發動了遍佈全球的大團結，這些人士都是中國的精英，他們代表了中國的良心，也代表了中國的新希望，爲了爭取民主，他們不顧自己安危，相信他們必定會得到更多的國際援助，爲中國的未來作出更大的貢獻。

中共於外在壓力不斷增強，而共產意識型態已面臨全球性崩解之際，除非能從根本反省，否則再也不可能有僥倖的機會，使這個政權繼續再生存四十年了。

78・10・1

正視選舉為社會帶來價值紊亂與文化衝擊

年底的三項公職人員選舉，是臺灣近日來的新聞焦點。選舉是民主政治的根本，具有極其崇高的意義，而本次選舉又是臺灣地區自解嚴以來的第一次選舉，原來的反對勢力第一次以合法政黨的姿態參與，參選的人數也打破以往的記錄，可謂盛況空前。本次選舉，不僅決定臺灣地區未來的政治走向，甚至對臺灣，或者整個中國的民主發展都會產生積極的示範作用，值得我們深切關懷。

尤有進者，緊接於本次選舉之後的是縣市議會議員及鄉鎮市長的選舉，該項選舉將於明年一月間舉行，而在三月間，中華民國又將選舉正副總統。所以本次選舉是中華民國臺灣地區三次重大選舉的首次，它的成敗自然影響深遠，不容我們不予以重視。

儘管本次選舉的正式競選活動還沒有開始，但選前活動事實上早已展開，其中包括政黨初選、政黨提名及參選登記等。參選者及其助選員無不卯足全力以爭取提名，或掌握時機、利用人氣試圖及早造勢成功。由這些紛冗雜遝的選前活動看來，我們一方面對臺灣地區民間積極參與政治的風氣深爲感佩，因爲這是推動民主政治最主要的力量，但另一方面，在這些活動中，也看出臺灣的所謂「選舉文化」已實質地造成了價值的混亂，使得正在轉型的臺灣社會所呈現的不安更加擴大，不容我們不在此提出警告。我們呼籲社會各界重視此問題的發展，防微杜漸地綢繆於未雨。

分析此次選舉前的活動，有三件令人感到憂心的事：

一、金錢、暴力的公然介入。金錢、暴力介入選舉，本來不始於今日，但確實是於今尤烈。卽在政黨初選之時，「賄票」之說便已到處喧騰。雖然「查無實據」，但張揚到路人皆知，當不僅是傳聞而已。因此市井相傳，臺灣選舉，是有錢人的遊戲，任何無才無德的人士，只要擁有大筆金錢，便可進入議會，或者入主地方行政。在長袖善舞的經營之下，數年之內，其投資的金錢不僅可以回收，更可獲利數倍，以做他未來經營政治，掌握選舉的資本。這樣惡性循環，在地方形成巨大而難以動搖的勢力，使得無錢的人永無翻身的機會，除非他攀附或投身在這些勢力之下，甘心做其爪牙或傳聲筒以贏得他們的支持，否則，永遠不可能在地方選舉中出線。另外，賄選者爲保證其投資成果，往往須借重江湖黑道的力量，而黑道一旦涉入選舉，則不免使用暴力。本次選舉在登記之前，就傳出某立法委員的助選員被黑道綁票勒索的消息。預料此種以金錢、暴力爲手段公然介入選舉的行動此後將不斷發生，不僅影響到選舉的品質，破壞選舉的公平，甚至使人在禍福莫測的危殆中，喪失道德的堅持與智慧的判斷力，其所造成的傷害不僅是選舉本身，而是衆人對社會的信心。

二、法治觀念的鬆懈。臺灣社會推行民主政治有年，但法治觀念一直薄弱，尤其在選舉期間，有所謂的「法律假期」，最爲人所詬病。所謂「法律假期」是指平日違法的事，在選舉期間竟成了不違法，平時要取締、處罰之事，選舉期間竟可網開一面，免除責任。這種因時空不同所造成的錯亂、眞僞混淆的現象，竟然被政府與民衆視作當然，而對法治造成不可彌補的損害。臺北市雷厲風行的拆除違建行動，因爲選舉將屆而悄悄地停止；中央政府有關證券及投資的新管理措施，也怕引起選民的情緒反彈而無限期地延後實施，這些都證明政府與民衆，都在利用這個選舉的機會，而遂行其不守法、自私、舞弊的鄉愿行爲。爲了爭取選票，不惜將我們的社會造成法紀與信義蕩然的社會。

三、政治倫理的渙喪。參與政治者，必須遵守一套合理的政治遊戲規則，而將遵守此規則視作道德的行爲，就是政治倫理。但我們在這次選舉尚未正式展開的時候，已看到許多政治倫理淪喪的實例。朝野兩黨都經過該黨中央的核准而舉行初選，照說初選是該黨全體的公意，而結果必須遵守。令人驚訝的是，朝野兩黨竟然同步似的對其認可的政治倫理作「選擇性」的遵守，也就是有些遵守，有些可以不遵守。明明在初選中得高票者不予提名，竟以其他理由而提名較低票者，或者爲特殊人物而不惜違約背信地再舉行一次初選；而許多參選者，也不服初選的結果，而紛紛違紀參選，以致使得爭議不斷而紀律全廢。非僅如此，因爲爭取參選而致兄弟鬩牆、妯娌失和的事亦時有所聞，家庭倫理也淪喪至此，令人言之痛心。這些在選舉中呈現的見利忘義的行爲，對社會的風氣、民衆的道德信念都產生負面影響。

臺灣近四十年來，由傳統的農業社會進入講究效率與功能的工商業社會，文化型態與生活價值的改變，是一種必然的結果。隨之而來，對傳統道德的認定也須樹立新的標準。因此，我們並不認爲傳統是必不可改變的。我們甚至認爲在現代社會中，講求民主、信守法律、尊重別人或團體的自由比傳統道德中只講父慈子孝、兄友弟恭更爲重要。然臺灣此刻的「選舉文化」之所以造成了價值的紊亂、社會的不安，其實並不在於它破壞了傳統的道德，而在於它在盲目而自私的運作下，本身竟形成一個反文明的行爲，實在值得深思。所以當我們傾全力追求民主政治時，似也應考慮如何能全力維繫人類的基本價值於不墜，不使民主政治爲我們帶來負面的效果。

78・11・2

遏阻臺獨言論何須中共恫嚇

最近，中共對臺灣年底的三項公職人員選舉，表現了極大的關切。十月廿四日，香港《文滙報》刊出專文，首次大肆抨擊香港議員赴臺灣觀摩選舉的消息，表示臺灣的選舉經驗不值得香港借鏡，香港唯一可以依靠的選舉方式要根據中共的「一國兩制」，以及由此擬訂的「香港基本法」。

中共新華社則於廿五日引用《瞭望》週刊的一篇文章，對臺灣選舉期間某些候選人所標示的「臺獨」意識與主張，提出強烈的警告，該文指出，現在臺灣有人認爲，即使臺灣獨立，中共也「不敢用武」，這是一種非常危險的想法。文中強調，在國際法上，臺灣的歸屬問題早已明確解決，不容絲毫懷疑和挑戰，臺灣人如從事「臺灣獨立」，成立「臺灣共和國」，不僅爲中共當局所不容，而且也爲絕大多數大陸同胞所不能接受，屆時中共當局必將作出強有力的反應。這是中共自十月廿七日以來，連續對臺灣選舉所作的第五次反應，所針對的，雖然是某些候選人與團體提出的所謂「新國家」、「新憲法」、「臺灣獨立」等主張，但整體而言，中共對此次選舉在臺灣實施民主政治中所呈現的積極意義，曾無一言半語提及；對此次選舉可能對未來中國全面民主化所能產生的影響，則更予以漠視及否定，阻止香港議員赴臺觀摩，便是最大的證據。可見中共政權雖然成立四十年，但迄今仍未改變其粗糙的草莽性格，對臺政策，依然停留在恫嚇、威脅的手段之中。

我們深信，民主是人類歷史上比較最好的政治制度，但並不是說，實施民主便沒有任何缺點。而且，眞正的民主，是經過全體人民在長期的摸索實驗之後，所歸納出來的最後結果。所以，爲了達到民主的境界，必須通過許多的嘗試、探索和思考的過程，民主絕非廉價的商品，更不是經過一次熾熱的革命便可達到。臺灣今天的民主成就，也許還談不上豐碩，但確實是累積了四十年的經驗所得的一點結果，在全中國十一億人還不知道選舉爲何物的今天，臺灣四十年的經驗，老實說，值得全體中國人珍惜。香港議會議員赴臺灣觀摩選舉，對香港未來的民主運作而言，深具意義；中共的「一國兩制」允許香港人民在一九九七年之後保留高度的自治，香港人民選擇民主、揚棄獨裁專制是他們的權利，而且也在中共擬定的「香港基本法」所涵蓋的意義之內。所以，中共實不須要、更不應該對香港議員的赴臺觀摩表示任何的不快，除非他們信誓旦旦的「一國兩制」原本是個欺騙的諾言。

但由中共長期以來對民主的恐懼、對自由的敵視及種種迫害民主、自由的行徑看來，中共開給香港人民的支票，恐怕永無兌現的可能。六四以來，中共殘酷地鎮壓、殺戮以和平爭取民主的民運人士，入秋以後，對東歐各國風起雲湧的民主改革運動，則噤若寒蟬，不僅不作一語評論，更張彌天之大網，封鎖所有消息，唯獨對西奧塞斯古所領導的羅馬尼亞共產黨，這個目前唯一堅持正統馬克斯教條統治的政權，卻表示強烈的支持；這些行為，足以令對中共存有民主幻想的人士如冷水澆背，陡然一驚了。

對「臺獨」的言行，我們一向抱著反對的態度，無論基於感情和理性，我們以為「臺獨」是個行不通的道路；經過民意測驗反覆的調查，反對臺獨者幾佔調查總數的百分之八十以上，證明所謂「新憲法」、「新國家」並不為目前臺灣的朝野所接受。但民主精神，包括尊重少數；民主的運作，也包括提供申訴討論的管道給異議分子。所以我們雖然反對臺獨，不反對討論臺獨，與其在陰濕的土地上惡性蔓延，不如令之平攤於陽光下，在法律的限制與保障中公開討論，最後訴諸公正的選票，這是民主真諦；而這一點，卻是中共所根本不能了解的。

中共對臺獨的理論與發展，也有錯誤的評估。例如在《瞭望》的文說，臺獨是國民黨當局執行「兩個中國」、「一中一臺」政策的惡果，將今天臺獨勢力的進展，歸咎於臺灣的執政者。但是，我們要提醒中共造成這種形勢，中共須負最大的責任：自從臺灣當局開放探親後，往大陸臺灣的人士不絕於途，但是大陸的社會，無論政治、經濟、以至建設，處處遠遜臺灣，探親者原本懷著朝覲故土的嚴肅心情，但殘破地、窳陋的社會，多令他們灰心而返。最後，遂談統一而色變，對臺獨思想的擴展，無可諱言，有激勵的作用。另外，中共在國際社會，對自承認是中國的中華民國政府處處趕盡殺絕，甚至對民間的文化、運動團隊不允許以「中國」的名義參加，強迫更名為臺灣或臺北，中共及世界明知中華民國為獨立於中共之外的政治實體，卻堅持其不可使用中國的名稱，令世界各國多以臺灣稱我，豈不是為臺獨推波助瀾嗎？

在中共恫嚇和威脅聲中，我們必須嚴肅指出：

一、民主是不可抗拒的潮流，這一點，已被同是共產陣營的東歐各國逐次證明。中共如果明白這一點，應該重新檢討其政策，逐步恢復人民權利，當全中國落實於眞正的民主的時候，統一必定會到來。

二、在最後的統一還未到來之前，允許、甚至協助臺灣的政府與民間社團以中國的名義參與國際社會，以現實的環境為考量，只要保證最後統一，在此之前的「兩個中國」可能比永久分裂的「一中一臺」要好，分裂而逐漸走向統一的德國已提供了歷史的證明。如果中共眞有如此的胸襟雅量，則根本用不著以武力為恫嚇，臺獨的聲音會自然微弱下去。

78・11・27

人道理想與人性尊嚴

——向沙卡洛夫致敬

蘇聯著名核子科學家及人權運動領袖沙卡洛夫於本月十四日因心臟病逝世，今天，是他安葬的日子。在酷寒的莫斯科，聚集了成千上萬沙卡洛夫的崇拜者，向這位被譽爲「蘇俄人的良心」的人權鬥士致最後的敬禮；而在世界其他的角落，沙卡洛夫也早已聲名遠播，他一生爲人道理想與人性尊嚴所作的奮鬥，其價值不僅爲蘇聯人民所認同，而且被世界人類所尊崇，他的見解與行爲，已確定他是一個眞正的「世界公民」，我們對他的謝世，懷抱著哀思和尊敬。

沙卡洛夫一九二一年出生於莫斯科，一九四二年畢業於莫斯科國立大學物理系，二次大戰期間被分發至兵工廠服役，一九四八年被選爲核彈研究組成員，一九四九年在核子物理學家譚姆的領導下，爲蘇聯製造出第一顆原子彈；其後，年輕的沙卡洛夫逐漸取得研究的主導權，在數年之內，將原子彈改進成氫彈，因之，沙氏在蘇聯有「氫彈之父」的稱號。當時，他對他的成績頗爲自豪，他曾表示：「我們都深信，這項工作極爲重要，因爲它使全球軍力達成均衡。」因爲這項尖端的成就，於一九五三年以三十二歲的年齡成爲蘇聯科學院最年輕的院士。

但是到一九五七年，沙卡洛夫對他長期以來的工作表示懷疑，他對蘇聯政府集中人力物力以發展此項足以毀滅人類文明的武器，逐漸表示不能認同。一九六一年，他上書當時俄共的領導人赫魯雪夫，要求禁止核子試爆，一九六八年，他更發表聲明呼籲美、蘇採取和解政策，同時譴責莫斯科當局應爲一九六七年的以、阿戰爭負責。一九七〇年，他不顧蘇聯政府的嚴厲禁令，和一些異議分子私下創立蘇聯第一個人權團體，強烈批評蘇共的極權統治，他雖因身分特殊，未受逮捕，但他的同志多受到囚禁或流放的處分。一九七五年，他榮獲諾貝爾和平獎，但在莫斯科的阻撓下不克出國領獎。一九八〇年，他因強力抨擊蘇聯入侵阿富汗的政策，終被蘇聯政府剝奪一切獎章及榮銜，並將之放逐至高爾基，直到一九八六年戈巴契夫當政，他才重獲自由。一九八八年，他首度獲准出國訪問，其後在面目一新的蘇聯國會中，沙卡洛夫赢得選舉而進入國會，成爲國會中反對立場的代表。

縱觀沙卡洛夫的一生，從研究核子物理，發展足以毀滅人類文明的氫彈，建立起個人地位，然而經過深刻的反省，最後發揮悲天憫人的人文關懷，決定爲人權正義的伸張而奮鬥；這種改變，固然是受俄國十九世紀以來即緜延不輟的人道主義的影響，而內心的轉化，尤富宗教家頓悟的禪機。科學原是造福人類的利器，但在人類貪婪及邪惡的嗜欲之下，卻成了毀滅人類最方便的工具。人道主義者強調人的價值，並確定任何人在此世界都有生存的權利，不因膚色、種族、宗教及政治信仰的不同而改變，它的神聖在於它是與生俱來的，不可侮辱，不可侵犯；如被剝奪，人有權用各種方式去爭取，爲了人權，與限制並剝奪它的政權或個人所作的爭鬥，是合乎正義的原則。

但爭取人的尊嚴，爭取正義的人權並非必定要採用武裝戰鬥的形式；因爲所有的武裝戰鬥都容易在進行期間變質，最後的結果，往往違反了革命的初衷。韋伯在〈政治作爲一種志業〉一文中曾說：「情緒激攘的革命之後，信仰的英雄，尤其是信仰本身都會消逝，或者淪爲政治上的庸俗人物和政治技術家習用咒語的一部分。」

半世紀以來，人權領袖在認識了此點之後，都有捨棄武裝革命而採取和平方式的傾向。美國的金恩牧師、波蘭的華勒沙、蘇聯的沙卡洛夫都不約而同地運用這種溫和但堅定的方法，逐漸取得國人及世人的認同，甚至達到政權和平移轉的目的。波蘭的團結工聯入主國會，馬佐維基成爲第一個非共的總理，便是成功的例子。

這是爲什麼沙卡洛夫在成爲蘇聯共黨統治下的一名政治反對者之後，依然堅持其和平改革立場的原因。他曾鼓吹在蘇聯國內成立與共黨平等的反對黨，並主張刪除蘇聯憲法中保障共黨專政的「第六條」；本月十四日，在他去世前幾小時，他在對蘇聯國會新成立的反對團體「區域代表聯合會」發表演說時曾說道：「在我們宣布成立反對黨的同時，我們等於是爲我們所提的改革建議負起全責。這就是反對黨在『異議』之外的另一層意義。」

反對勢力以和平的手段，負責的態度爭取其力量的擴張，意義深遠。和平的力量看似微弱，進展看似緩慢，但成就驚人；我們看到半年以來，東歐各國的民主改革，事實是在許多像沙卡洛夫一般和平改革者默默進行了數十年滴水穿石的努力之後，所獲得的成果，沒有流一滴血，沒有響一聲槍，而民主改革，卓然有成。我們慶幸人類在二十世紀即將進入九〇年代之前，終將「革命」的藝術，進入化境。

沙卡洛夫，這位堅持人道理想與人性尊嚴的生命鬥士，這位堅持和平負責的改革家，雖然已死，而他充滿啓示性的一生，積極地詮釋了理性的價值、人性的尊嚴與和平的力量，讓我們向他致敬。

78・12・18

人文的肯定、文化的重建

在八〇年代之前由蘇聯爲首的這一個赤色集團，其勢力之龐大，政權之穩固，舉世無與倫比。共產國際的版圖只有擴張，沒有減少過，是什麼使得這個人類史上罕見之龐大帝國維繫四十年而不墜？墨子的「尚同」說似可以作一解答。墨子說：「天子唯能一同天下之義，是以天下治也。」又說：「上之所是，必亦是之；上之所非，必亦非之。」共產集團用同一旗幟，立同一的偶像，而令萬民黎庶一同於上，所以才能集合力量而立不敗之地。

但是到八〇年代的末期，這個尚同的共產祖國便呈現了分崩離析的景象。去年，東歐各國的民主改革，紛紛推翻了共產集權的領導，雖然表面上看來是政治與經濟的訴求，而骨子裏，卻是從共產集團集體意識下追求自我的解放，這可從各國在國名上、國徽上揚棄世界性的共產標誌而恢復舊觀的努力看出端倪。所以，東歐各國的民主改革，其實可以看作是一種恢復民族信心的活動，也可說是一種層次極高而結構複雜的文化活動。

以文化活動的層面來觀察東歐的政治運動，並不能評估這個活動最後的成敗，而是突顯了文化與人文在共產集團中長期被制約、被漠視之後的反擊衝力，是如何的沛然莫之能禦罷了。但這不是說，文化與人文的危機，僅僅存在於共產世界之中，在世界其他地方，文化並不是重要的話題。

就以臺灣為例，我們所面對的文化錯亂、人文消沈的危機，並不亞於對岸的中國大陸。大陸在中共政權長期的刻意破壞下，傳統文化不但不存精髓，就連皮毛也不易見到了。而臺灣社會，四十年來有關文化的保存、人文精神的培育上也幾乎交了白卷。政府在二十餘年前曾發起一個「文化復興」運動，並不能證明政策的主導者重視文化。其實，文化復興運動是針對中共在大陸所掀起的「文化大革命」所作的反擊，其基本只是政治的一個環節。所以，在發表一篇四六駢體的文告、建了一所紀念堂之後，這個活動也就結束了，而任何具體的文化事業都沒有眞正展開。二十年來，在神話般的經濟起飛之下，我們的文化建設幾乎依舊是一片空白。不但如此，在目眩神移於自己的經濟成就後面，政府與人民，都帶有一種令人鄙視的銅臭氣息。我們對國際正義冷漠而不關心，對東歐國家爭取自由、民主的運動也從未發表支持或同情的言論，斤斤計較的只是對東歐及蘇聯的貿易是否能迅速推展；民間的視線更只停留在短期的股票漲跌及實際的所得上；社會的異議團體，則將自身的利害做為判斷是非、採取抗議的唯一依據。沒有公理、輕視正義，在這塊土地上，我們都被類化成一堆堆只有功效而沒有價值的數據。

今年元旦，李總統登輝先生所發表的新年祝詞中，透露出他對這個現象的憂慮，他說：「近年來由於復興基地經濟的高度成長，雖然使我們的國際地位日益提昇，國際參與日益積極，然而由於心理建設未能等量齊驅，難免造成社會發展的失衡現象，乃至義利之分漸泯，投機之心大熾。」我們對社會的人文淪喪雖然覺得痛心，但很高興主政者已正確地看出久存於我們社會的問題所在，並思有以救之。

對兩岸及世界所有的中國人而言，文化與人文價值的重建，確實是當今最基本的問題，必須嚴肅的正視，我們認為在現實的基礎之下，兩岸的中國人都應集中力量，注意下列問題的解決：

一、人文價值的肯定。古希臘哲人曾說：「人是萬物的尺度」，說明人的價值應該駕凌其他萬物之上，而近四十年以來，中國人的價值觀已被物質所取代，這是不容爭辯的事實。在大陸，馬列主義的唯物論將人視作集體運作下的基本單位，個人沒有任何自由及尊嚴；在臺灣，感官的物象已超越了人的精神價值，在自私及貪婪的慾望之下，人又被另一種模式所物化。臺灣和大陸的社會，這兩極化的發展竟奇妙地達到相同的效果，而這效果對中國人而言，是絕對的悲劇而非喜劇。兩岸的官方和民間，應立刻採取行動，將人從物化、類化的陰影下解放出來。施政者首先應肯定人文價值，必須認眞的考慮，任何施政及建設在爲整體中國人謀求尊嚴及幸福，而在謀求全體的福利之中，絕不可犧牲任何一個人的尊嚴，絕不可令任何一個正直的人受到屈辱。

二、對傳統文化的新估。海峽兩岸四十年來都發生了輕重不等的文化斷層現象，一個自豪的民族，實不能允許這個現象繼續發生。但這並不是說，傳統文化都是不可捨棄的，所有文化都在自然的演化之下與現實妥協，而擷長補短地形成一種既合乎傳統又配合現實的生活方式。但在人爲的破壞及刻意的中斷之後，要使傳統文化在創傷之下自然癒合是困難的事，所以必須採取人爲的行動來加以補救；兩岸的官方與民間，應正視傳統文化的價値，試圖採取手段將文化倫理重新建設起來。

三、確定中國的未來走向。自由、民主是世界人類的整體趨向，這個歷史的趨向是確定不移的，「雖有大力，莫之敢逆」，所以自由、民主是中國人未來的共同走向；但自由和民主，必須落實於人文的基礎上，否則便容易逆變成一種反自由、反民主的暴民政治，而中國的未來，在人類共同的腳步聲中，也應該保留自己的一些特色；這個特色，不但是中國人的驕傲，也是全體人類的資產。

我們慶幸李總統已注意到文化重建的問題，我們期望不僅是臺灣，甚至海內外所有的中國人都重視這個問題，讓十二億的中國人都可以尊嚴而理直氣壯地站立在這個世界之上。

79・1・4

以整體的觀點積極的行動推展大陸政策

——對李總統「六年內有機會回到大陸」談話的回應

自從總統、副總統的選局安定之後，連日來籠罩在臺灣上空的政治陰霾已一掃而空。李總統昨日又在基督敎國大團契中演說時表示，未來六年內我們有機會回到大陸。這番談話非但掃除了某些人對臺獨或獨臺的疑慮，也大略爲我們未來的大陸政策勾畫出一個雖然模糊但已具輪廓的形象。

政府近年來在大陸政策方面始終搖擺不定，而且事事處於被動狀態。李總統這番談話，雖未提及具體可行的細節，但我們相信以李總統的地位必然已有較完整的腹案，一俟他當選下屆總統以後，當可立即付諸實施，然而我們今日與大陸的關係畢竟盤根錯節，千頭萬緒，尤其最近在執政黨「家變」期間，中共非僅利用宣傳工具出言恫嚇，而且也在大陸東南沿海移駐重兵，並將其「前進指揮部」進駐福州，似乎有意製造臺海的緊張情勢。其目的究竟何在，頗令人費解，但其中必有政治企圖則是不言可喻的事實，所以大陸政策的制訂必須愼重而有前瞻性，應是不可否定的原則。

中共乘臺灣選舉時的混亂，集結大批軍隊於對岸，看來一方面是顯示中共對臺灣未來政治的走向充滿疑慮，必須以武力爲要脅，迫使臺灣政情朝他們的預期發展；另一方面則顯示臺灣朝野的不團結，可以造成中共武力犯臺的最佳機會，這一點應值得臺灣二千萬民眾深思反省。

不論中共是否是一種姿態，但對我們而言，畢竟是一個危機。這個危機並不是指中共隨時會進犯臺灣，事實上卽使發生戰爭，中共也必須付出相同甚至更重的代價；問題是這個危機的關鍵是海峽的攻防戰，主控權似已完全操縱在中共手上。我們早已聲明要以三民主義和平統一中國了，但中共卻始終不願宣布放棄他武力犯臺的「權利」，甚至直到最近還在強調此點，對比之下，我們變成了被動的防守者，而對方則握有進攻的籌碼。不須比實力，氣勢上已遜人一截。何況中共又是世界上最漠視民意、最迷信武器的黷武政權，被這樣一個政權牽制、威脅，我們確實不能掉以輕心。

但造成這種局面，平心而論，我們亦需負責。非僅海峽的攻防戰，多年來我們都採取的是守的策略，而我們整個大陸政策，也可以說完全是守勢的、被動的、臨時性的。這樣的大陸政策，只能算是頭痛醫頭、腳痛醫腳而已，當政府要處理任何有關大陸整體事務而無成例可循的時候，就顯得捉襟見肘，而不得不採取掩耳盜鈴或者拖延的應付手段了。

行政院副院長兼大陸工作會報召集人施啓揚日前指出，三月總統大選後，政府會提出明確而開放的大陸政策，將以修訂臨時條款的方式，明訂對大陸經貿活動及法律規範，待相關法案完成立法程序之後，並將另外成立一個民間或半官方的組織，統籌辦理對大陸的經貿事宜。

對於施啓揚的宣布，我們大致贊同。設立一個專責機構，來處理大陸事務，並經由立法的程序明訂對大陸活動的法律規範，在目前，確是刻不容緩的事。但我們不同意的是，政府大陸政策的目標，似乎依舊停留在發展經貿爲主的觀點上。局限在這個觀點之下，中華民國不啻自外於中國。其斤斤以爲意的，只是在爲自己的過剩游資找出路，其所看見的，僅是大陸廉價的資源及勞動力而已。這種政策，依然是消極的、被動的、缺少前瞻性的。

因此對制訂未來新的大陸政策，我們有兩點建議：

一、大陸政策應以全中國爲思考的架構。爲應付目前分裂的客觀形勢，在執行上不得不區分臺灣與大陸的事務，但政府應該有一體認，即中華民國政府是全體中國人的政府。不應將大陸事務僅僅當作國際事務的一環來處理。換言之，政府在設計各項政策時，不論是交通、教育、文化及經濟財政，均應盡量涵蓋大陸未來的發展於其中。在短期內，限於客觀條件施政所及，也許無法到達臺灣以外的地區，但對各項情勢，應該作前瞻性的預估，這樣的大陸政策，才是全面性的。

二、對大陸的行動應該積極而主動，長久以來，我們的大陸政策僅在應付政治形勢的演變，主動權完全操之在人，自己只擔任被動與防守的角色。這一點，是臺灣處境的最大危機。新的大陸政策應該採取積極而主動的手段，短程目的在保障現階段的臺灣安全，長遠則應著眼於增進全體中國人的福祉。臺資湧入大陸，已是不可遏阻的事實，政府應利用大陸歡迎臺資的機會在對等而公平條件下制訂法律，幫助臺商不僅在大陸設廠，也可採取各種途徑幫助臺商爭取在大陸投資文化、教育及其他有關事業。諸如古蹟保存、環境保護、以至階段性的設立大學、建立出版機構等；此中困難重重，勢所難免，但任何困難只要雙方有誠意都有突破的可能。

退而守之，即使海角一隅亦不見可保，進而取之，則大好江山依舊可復。在此執政黨整合成功，領導中心日漸鞏固之際，李總統要回大陸的談話，的確可以鼓動民心士氣，使我們眞正做到立足臺灣放眼大陸的使命。惟如何設計一套保障臺灣安定與安全而又適合全中國的建設藍圖，如何制訂一套積極、進取的大陸政策，實是當務之急。

79・3・12

導正文化政策提昇文化生活

——對李總統新任期的改革期許

李總統登輝先生在獲悉國民大會選舉他爲中華民國第八任總統後表示，務期在未來六年中凝聚一切力量，致力於民主憲政的發展、經濟建設的進步、社會秩序的安定與文化生活的提昇，以不負全民的付託與期望。

我們很高興李總統將「文化生活的提昇」放在他未來施政方針的重要位置。「文化」一詞的界說，衆說紛紜，莫衷一是，但文化學者大致有一個結論，即把文化看作成套的行爲體系，而文化的核心是由一套傳統觀念，尤其是價值系統所構成。由於文化牽涉到長久以來的傳統觀念，文化行爲又與現實生活相契不離，它所形成的價值系統是複雜的。判斷文化差異已是相當困難的工作，要爲一個社會確定文化的價值、選擇文化的走向則更是困難重重，所以，其他的政策也許能在短時間見出具體的效應，唯獨「文化政策」是不能立竿見影的。

但這並不是說文化政策是多餘的，是不必要的；相反的，因爲它關係全體國民對生活價値的認定取向，它的重要性，絕不低於國家的經濟政策或外交政策，而影響力則更爲深遠。李總統將文化生活的提昇放在他未來施政方針的最後一項，視作他施政的極終目標、最高境界，這一點，我們要對他表示敬佩。

多年以來，我們的社會對文化的忽視，確實已到了令人憂心的地步。其所造成的結果是道德淪喪、價值扭曲、正義不張、罪惡橫行。民主如果只停留在選舉的技術層面上，而缺少文化的涵養，則民主僅是一個爭權奪利的合理化手段而已；經濟如果只停留在經營的技術層面上，而缺少文化的目的，則經濟僅是控制利益攫取金錢的籌碼罷了。所以，文化政策的第一要務在肯定文化對社會、對國家的基本性與重要性。

以往政府對文化發展的問題，從未認眞地思考、通盤地計畫過，文化政策在政府施政時也許聊備一格，但多數是臨時的、拼湊的性質。政府機關中有關文化的部門有教育部、內政部及文化建設委員會，但各部會權責區分不明，相輔相成者少，掣肘相害者多。更嚴重的是，設計文化政策，其實是行政幕僚體系中的一環，施政的重點原不在此，所以我們的文化政策，永遠在被動的情況下被擡上桌面，它的思考是片段的，不是全面的；它處理的問題是當下的，而不是基本的；它永遠忙於事後的補救，而少有前瞻性、整體性的設計。

目前政府預算中的教科文經費佔全預算的百分之十五，已達憲法的下限，所以政府可動用的教育文化經費不可謂少，但經費的分配則是極端的不合理與不公平。舉例說：隸屬於總統府，爲國家保存史料編列史蹟的機關國史館，一年的預算竟然比一個中型國中還要少；全國第二大的多元性博物館國立歷史博物館，其人員編制僅二十人，還不如一個陸軍的步兵排；而中央研究院於民國七十六年所舉辦的漢學會議，所編列的預算高達億元，其後教育部與文建會合辦的國際孔學會議所用經費亦近於此數，其浪費、舖張的情況令人咋舌；同屬政府的機構，從事的亦是文化及學術的活動，其待遇的懸殊，已經如此。而民間的文化公益團體，往往爲了申請補助經費數萬元，奔走於各機關之間，戔戔之數竟亦毫無結果，最後只有宣告解散、停辦，對社會常造成不可彌補的損失。這些事實顯示，當下文化資源的分配確實出了問題，如果不早日設法解決，對文化的建設，對國家未來的整體發展，必定形成相當程度的阻礙。

所以我們認爲，政府在設計未來的文化政策時，應針對目前的缺失，力求改進，對以往的文化政策，應作全盤的檢討，並試圖整合體系，建立一套獨立而整體的文化觀點。職是之故，我們建議：

一、從速成立文化部，統一全國文化事務的權責。文化生活的提昇既然是政府施政的最後目的、最高境界，則主管文化事務的部門應從教育部與內政部旗下獨立出來，唯有在它擺脫附庸地位之後，才能責以重任。

二、設立一獨立於行政及幕僚體系之外的專門機構，這個機構應像現存的「中華經濟研究所」及「臺灣經濟研究所」，它主要的目的在從事文化專業的學術研究，爲政府提供有關文化建設的資訊與建議。因爲它獨立於行政及幕僚體系之外，它可以比較客觀、更具主動及前瞻性地爲國家設計文化前景的藍圖。

三、對社會資源、文化經費作重新的規劃與分卻。我們並非缺少發展文化的經費，但使用經費，卻欠缺合理性。以往政府多以辦廟會、賽會的方式來從事文化活動，豪奢、熱鬧有餘，而實際意義則往往付諸闕如。文化是長期的事業、普遍的生活，重新規劃文化活動，分配文化經費，必須考慮可能獲得的成果及社會事實的需要。

當然，文化建設的成就並非一蹴可幾，但合理而周延的文化政策，對穩定社會秩序、樹立倫理價值這些文化外緣所涉及的問題，也會產生積極的作用，而對文化內容的充實與提昇，必定具有更實質的影響。李總統於「新政」之始，提出文化爲施政的目標，可見識見深遠；現在國人延跂而望的，是如何將這高大的理想，一步步地促其實現。

79·3·26

開放並非唯一的大陸政策

去年六四以來，海峽兩岸緊張的關係，現在不但有漸趨緩和的跡象，以工商業投資大陸的消息不斷曝光，兩岸中介機構在政府的同意，民間的鼓勵之下呼之欲出，以及學術團體的聯合舉辦研討會等等事實看來，兩岸目前的關係，表面上可以用「空前熱絡」四個字來形容。而且，這種熱絡的狀況，至少在臺灣，已有部分難以控制的現象，如果任其發展，極可能對目前尚屬脆弱的兩岸關係，造成不可彌補的損害，對臺灣未來的生存，也將造成相當程度的傷害。

說這話，並不是表示我們反對開放，但開放必須有一步步的進程，有統一的步調。在觀念上，民間領導政府，是民主國家必然而普遍的現象，現階段的大陸政策，往往由民間自任開創者，而政府在後面扮演補苴的角色，最後制定一條法令或規範來遷就事實，這種發展的方式，優點是多元而有機的，但因為沒有統一的進程與步驟，往往弄得彼此矛盾衝突，甚至因爲各逐個人或小集團的私利，而罔顧國家整體的利益，最後弄得四分五裂的慘局，這是我們必須提出來說明的。

最近由臺灣五家較小的航空公司所組成的民航事業考察團，在與大陸民航當局舉行非正式的接觸之後，竟貿然地宣布，兩岸可能從今年九月起進行直航。我們不知道該考察團憑什麼事實作如此的宣布？民航運輸除提供旅客便捷的服務，尙須保障乘客的安全，這個安全不僅是身體的安危，還有旅客在法律上所應享的所有權利；在兩岸尙未正式放棄交戰狀態，互相不承認兩岸執法者的正當性，在最基本處理兩岸法律仲裁的中介機構尙未成立的時刻，直航確是不實際的；但臺灣的民航考察團只顧及眼前的私利，假借著便民的幌子，而將自己的期望當作政策，越俎代庖地宣布直航的消息，試圖造成既有的事實，以迫使政府在未來政策的規劃中，照顧他們已有的利益。

不僅如此，幾乎所有的大陸政策，都在這種情況之下被製造出來。老實說，我們的大陸政策缺乏積極性、主動性，更缺少通盤性，整體性。有些時候掛一而漏萬，有些時候則只顧目前，未能放開眼界、縱觀未來。其所以如此，我們以爲是制定政策的人，對臺海兩岸的現實情況，往往不能正確估量及判斷的緣故。譬如我們對岸的政權除了歡迎我們對「三不」的解凍之外，是否給了我們放鬆或放棄「四個堅持」的善意回報？對方在歡迎我們投資的時候，是否允許我們對投資的項目加以擴大，如准許臺灣的商人到大陸投資出版文化事業？中共撥出厦門附近海滄縣的一大塊土地給王永慶建廠，眞正的獲利者到底是誰？以國防軍事的角度而言，海滄建廠到底是有利中共還是有利臺灣？在對方絕不放棄以武力犯臺的誓言之下，兩岸直航，除了提供探親、旅遊及投資等可數的便利之外，對我們賴以生存的國防安全，是否造成了不可數及不可彌補的危險呢？

並不是我們主張以更保守的態度來處理當前的兩岸問題，而是在對大陸「開放」了兩年之後，現在必須對我們政策上的投資作一盤點式的檢討，查查看我們的資產和負債到底是多少？

據估計，一年中臺灣赴大陸探親、旅遊的人數是一百萬人次。這一百萬人在大陸最低的消費額每人以美金二千元計，一年之內，大陸從臺胞身上便賺取了二十億美元外匯。而半年以來，臺灣的工商界在大陸的投資總額，據保守的估計，已超過了百億美元，大陸在短期之間，獲得臺灣如此大的好處，但對在後面推動開放政策的中華民國政府及臺灣的社會，中共的態度又是如何的呢？

一、直到最近，依然誓言絕不放棄武力解決臺灣問題。

二、依然對在臺灣的中華民國政府採取敵意的姿態，繼續不允許中華民國取得其應得的國際地位。

三、始終不排除以武力顛覆臺北的政府，在力有未逮的時候，不惜運用管道，以大量槍枝武器輸入臺灣，製造臺灣社會的動亂。

四、繼續壓迫大陸的人民，阻止大陸的民主、自由運動。

這些不僅是徵兆而已，而是斑斑可考，人人可見的現實。這個現實的形成，是有其歷史及哲學上的理由的。僅僅在中共所不放棄的「四個堅持」之下，確實已說明了共產黨的本質。面對這樣一個對手，我們不論如何地調整步伐也無法令他略作改變。在中共對臺灣的敵意尚未消除或者減少的時刻，再作讓步，絕對是短視近利的作法。

在目前的情況下，我們建議政府，在制定大陸政策時應注意：

一、除非得到更多、更具體的善意回報，譬如在國際社會不再孤立我國，不再揚言對我動武，我方對大陸政策不應再予放寬。

二、除非大陸社會允許更多而全面性的自由開放，則限制臺灣工商界赴大陸投資是有其必要的。原因是一個不自由且法制不彰的社會，對投資者無法提供保障，而豐利的外匯收入，將使得黷武而獨裁的政權，加強其控制人民的力量。

三、應提倡或推動與大陸的文化、學術交流。因爲唯有文化與學術的交流，才能改變大陸社會的體質，使其逐漸朝向民主、自由的方向提昇，這個結果，是將整個大陸從馬克斯資本論以來的唯物史觀禁錮中眞正解放出來。

我們目前的大陸政策，確實充滿了頭痛醫頭，腳痛醫腳的窘態；因爲是在不得已的情況下被逼迫出來的，所以又缺少整體性和企圖心，以致法規是支離的，精神是退縮的。開放當然重要，但只求自己開放，不要求對方也開放，絕不是有力的大陸政策。希望在總統進入新的任期，新的政府卽將組織完成之際，大陸政策，也有高瞻遠矚的構想和設計。

79・4・30

救救私校

高雄私立國際商專在上個月初引起罷教與罷課的激烈抗爭之後，終於在月底完成了教育部指派代理校長的移交。不過，邇來由於移交過程中發生未交接印信的瑕疵，該校師生認爲不合法；而且，該校董事會迄不承認與教育部達成的十二項協議，教育部指派的督導小組地位受到質疑；再加上七位被解聘的教師復職的問題，一直懸而未決，該校師生與家長會決議本週內不惜再發動罷課抗議。

國際商專事件發展至今，可說一波未平一波又起，該校董事會一再對教育部與整個社會開了一次次的荒謬玩笑，暴露出當今教育發展的窘困與病象。

該校董事會這種對抗，不顧自身形象與社會公益，已造成教育部的信用與該校校譽的損失。教育部在處理過程中立場混淆，威信蕩然，董事會則與自己創立的學校公然決裂，彷彿搬磚塊砸自己的腳，而其中受害最深的，當屬國際商專的師生。教師的工作權、學生的受教育權都被侵占與剝奪。如果這次衝突，僅僅是高雄國際商專的偶發事件，其影響面也許不大，但不幸的是，事件並非偶發，其出現只是目前臺灣私校教育層出不窮諸多事端中之冰山一角。私立教育的定位不正確，教師的工作權沒有保障，致使教育水準低落。這些情形，已不容我們忽視，必須作一徹底的檢討，於最短的期間，予以有效改進。

以臺灣地區的大專教育而言，私立學校的學生佔學生總額的百分之六十五，國立或公立學校雖多，則僅佔學生總額的百分之三十五而已。從教育的功能看來，私校品質的良窳，自然影響社會未來的整體發展。教育是立國的根本，在這個意義下，私校教育與公立學校教育的重要性是無分軒輊的。

但揆諸實況，我們不得不指出，私校教育，在整體教育環節中，並未受到應有的重視，猶如棄嬰，似乎很少有人想到爲它所受的不公平待遇作點有意義的事。分析當今私校的困境，至少有以下三項：

一、私立學校法規定不合理：使得董事會的權限任意膨脹，而教師的工作權則毫無保障。國際商專所生的事端，卽肇因於此。學校設備不良，行政不善，教師提出異議，當局竟往往以解聘了事；由於學校對教師的聘任，依現行法律規定有絕對的權力，卽使解聘理由不能成立，教育部也無法改變。國際商專代理校長李福登向教師宣稱，七名教師的工作權必須保障，但如挽回不了，他只有負責爲他們另找工作。教育部之無奈從此可見。

二、私校的財務不健全：學校硬軟體設備，遠不如公立學校，以致使教師待遇偏低，教學品質隨之低落。私校財務的不健全，可由兩方面來討論，其一是政府嚴格限定學、雜費的金額。學校如完全依照政府的規定收取學、雜費，則僅能維持一個品質極低的教學環境，根本談不上提高教育水準，向上發展。在目前的收費標準之下，最好的學校也只能做到收支平衡而已，如果需要擴建校舍、增添設備，必須從擴大招生名額、增加教師教學的負擔入手。私校班級人數通常爲公立學校的兩倍，而教師的教學負擔，則重於公立學校不只兩倍。其二是政府既硬性規定私校的學、雜費不可調高，則政府對私校的財務應予擴大補助。但不幸的是，政府對私校財務，多不聞不問。以七十七學年度爲例，高等教育預算中，列爲補助私校者不到百分之十五，結果是百分之六十五的私校學生，所分到國家教育資源，只有百分之十五，而其他百分之八十五的金額，則完全分給了百分之三十五的公立學校學生，公私立學校學生所受之待遇，差距如此之大，其不公平，至爲明顯。

三、私校的角色定位不正確：我國私立學校，除出資者不同之外，學校的制度、教師的資格，乃至教材與課程，無一不是硬性規定與公立學校相同。是故我國之私立學校，無法建立其教育的特色。私立學校的成立，並非僅在補充公立學校的不足，而應在品質上和公立學校或其他學校相互比較，建立特色，以達到多元社會的目的。可惜在目前的環境之下完全未能顧及，以致私立學校教育完全陷入一種候補角色的扮演中，其所發揮的功效，頂多只是制式教育下的剩餘價值罷了。

私立學校教育，目前疾病叢生，而私校學生數量又極龐大，所以私校的疾病也就是社會的疾病，千萬不可忽視。根本之圖：㈠修改私校法，注意教師人權的維護及規定董事會的權責，以提高教師的尊嚴及待遇，並摒絕將教育事業墮入唯利是圖商業經營的錯誤心態。㈡健全私校財務。我們以為，私校如不接受政府的津貼，便應准許學校自定其收費標準，學校能否維持或發展，可以完全由「市場功能」來決定；如果政府嚴格規定其收費標準，不足者，政府便應充分補足其差額，以維持教育品質。依目前政府對私校財務的補助，僅停留在杯水車薪，而對私校的限制，又繁如牛毛看來，我國的私立學校，要達到美國哈佛、耶魯，英國牛津、劍橋的水準不只斷無可能，即是要維持一個普通品質，亦困難重重，這點值得政府教育當局深切惕厲。

79・6・3

民主和自由畢竟是別無選擇的道路

——紀念六四週年

今天是六月四日，距離去年中共以軍人武裝鎮壓天安門民衆的和平示威運動，已經整整一年。當我們看到東歐各國，紛紛在自覺的力量中遂行其民主改革，即使是共產陣營的龍頭老大蘇聯也採取積極的步驟，推動其國內民主自由的進程，雖然所遭受的阻礙不小，但整體而言，確是熱烈、進取而充滿前瞻性的。

但中國大陸，在一陣短暫的春雷之後，大地依舊籠罩在長期以來揮之不去的陰雲之中。人權淩夷、民主無聲，而自由更遙遙無期，不覺令人痛心疾首。中華民族，爲什麼它的悲慘命運，和他的歷史一般的深長？它承受的罪愆和它人口的負擔一樣的沉重？

去年四月十五日至六月四日以天安門爲中心進行了長達一個多月的民衆運動，其本質意義是在中共集權的統治下爭取較多的自由和民主。除此之外，這次民運還顯示了幾個特質：其一是，這個實質上捨棄共產教條，追求現代改革的運動，在形式上，卻不採革命的手段，也注意到與現實政治的妥協性，並且把理想寄託在認同體制的改革之中。所以在行動上是有節制的、和平的和有秩序的。天安門廣場所聚集的數十萬民衆，有時甚至超過百萬人，但並沒有火爆的場面。與世界其他地區的民衆示威動輒焚燒蒭像旗幟，傷人自燬的情況比較，天安門前的活動顯得理性而溫和。其二是，藉著這樣一個發自全民自覺的活動，使整個北京市沐浴在一片祥和，進取和理想亢奮的空氣之中。長期以來，在中共殘酷的政治壓力下萎縮、消失了的人性再度甦醒。在民運期間，北京地區的宵小斂跡，治安出奇的好，而同情、關懷和互助等美德又在這個自古以來多禮及人情聞名的城市再現。

因此，這次實力龐大的民運，理想是崇高的，行動是節制的，而整個情調又是高雅的。對整個中國而言，這次驚心動魄、盪滌人心的運動是一項資產而非負債。但可惜的是中共的當權派不作如是觀。他們認爲是對統治權威的強力挑戰，而在幾次意向不明的警告沒有得到預期的回應之後，不惜將坦克車衝向人羣，以機關槍掃向學生，來結束他們自憐情結下的羞辱。

中共確實犯下了極大的錯誤。假如中共對人民追求自由與民主的運動，予以善意而充分的回應，或者至少不予武力鎮壓的話，中共後來所遭遇的窘境將不致如此惡劣。至少可以做到：

一、中共無須承擔強大國際債信的逼迫。中共自六四之後，外資紛紛撤離，而國際貸款也多停頓。一年之內，大陸廠商因而倒閉者達五分之一。

二、沒有六四，中國仍將是東歐各國所仰望的對象。中國的開放政策，將使中國的國際地位提高。在這種情況下，十一億中國人的民族自信心也會隨之高漲。對中國的建設無論心理上或實質上，都是絕對是有利的資產。

三、大陸如能實行民主，而在同步的經濟開放及改革之下，兩岸政治認同的差距將因而縮短，對未來的統一有正面的效果。

可惜中共的見識不及於此，而僅著眼於既有權位的鞏固。在內鬥的實際因素之下，以百姓學生的生命爲芻狗，在血腥的鎮壓下，不僅爲廣場的民衆，也爲所有中國人以及中共自己的未來埋下了悲劇的下場。首先，中國的國際聲望，因六四而降到了谷底；慘案之後，國際譴責聲浪不絕，中共在衆目睽睽之下，對手無寸鐵的同胞展開殺戮，造成人類文明史上最大的諷刺。中共的殘忍嗜血，固然自陷孤立於國際社會，卻也爲全體中國人帶來有史以來無比的恥辱。

其次，六四之後，大陸經濟秩序大亂。專家估計，要恢復原有的面貌，須時十年，也就是說，在全世界分秒不讓力爭上游聲中，中共為自己的現代化，卻白白地躭誤了十年的工夫。也許更為重要的是，六四使大陸之外的中國人加深了對中共政權的不信任感，在彼此的猜忌中間，對統一的前景蒙上了陰影。

古人說：「功者難成而易敗，時者難得而易失。」八九民運，原為中共改革提供原動力，為中國大陸現代化開創長遠的坦途。可惜是中共主政者缺乏見識與胸襟，任士氣變成怨氣，任助力變成阻力。

歷史無法重演，悲劇既已造成，也不能掩耳盜鈴無視其現實的存在。在六四一周年之際，中共應對其錯誤作徹底的檢討與認錯。首先，中共應採具體行動改變形象，自由與民主絕非理想主義者的高調，而是一個政權今後能否生存的唯一條件。東歐及蘇聯一年來改革的歷史證明，僵化、教條的社會主義不僅不能救東歐及蘇聯，也同樣不能救中國。眼看共產的社會主義在世界上一一崩潰，中共實不須以全中國十一億人民的幸福作賭注，到現在還在唱「以前是社會主義救中國，現在是中國救社會主義」的虛幻口號，而應該勇敢地捨棄長久以來的共產教條，以務實的態度面對中國當前的問題，諸如：經濟落後、人權不彰、政治不民主、人口品質低落、生態環境敗壞等，一一謀求對策。

在六四一周年紀念日，我們對中共政權的暴行，及其迄今仍無悔意的態度不能不予以譴責。但過分予以羞辱，除了發洩情緒外，於事無補；推翻中共政權也許不難，但在推翻的過程中，必定引起戰爭與屠殺，究非全體中國人之福。所以我們願將中共視作爲一個政治實體，希望他採取步驟，逐漸質變，改善人權與政治環境。民主和自由畢竟是最穩當的道路，如果把六四當成一個具體的教訓，逐步推行民主政治，賦予人民更多的自由，則六四對大多數的中國人而言不再是諷刺，而是整個中國邁向進步與現代化的轉捩點。

79·6·4

重視東協關係、開拓生存空間

外交部舉辦的「東協區域工作會報」已經結束。外交部長錢復在會後表示，該部將邀集內政、經濟兩部及勞委會等共同會商，以修正現行法規，依實際需要優先考慮引進泰國、印尼和菲律賓三國的勞工。除此之外，外交部對駐東協六國代表處未來個別工作方向也作了結論。總括地說起來，對包含泰國、菲律賓、印尼、新加坡、馬來西亞、汶萊等六國的工作重點，不外乎致力於駐在單位功能、地位之提昇，官員互訪，加強經貿關係等。

這個歷時兩天，集合人力智力所定下與東協六國的個別工作方向，看起來四平八穩面面俱到，但事實上，卻予人以不著邊際之感。當然，像「推動雙方官員互訪」，對一個無邦交的國家而言，確是一種具有突破性的意義。然如從更廣的角度來看，「官員互訪」之外，是否更應廣泛推動學者、企業家、文化工作者的互訪？這些人物的互訪對雙方實質關係的增加即使無法取代官員所代表的意義，至少也會發揮相互配合的效果。

東協諸國雖與我沒有正式外交關係，但卻是我們的緊鄰，和我們未來的經濟發展息息相關，與之交往一點都輕忽不得。單就其廉價而豐富的經濟資源而論，臺灣在與其他地區的經貿關係日趨緊張的情況下，就已經具有高度的價值與長遠的利益。事實很明顯：

一、美國本身的經濟萎縮及對進口的大量設限，已使我們對美順差逐年降低，臺灣的貨品必須設法降低成本增加競爭力並尋求市場的轉移。

二、東北亞的日本與韓國是我們強烈的競爭者，絕對不是我們的消費市場。

三、中共的經濟政策搖擺不定，而政治上對我又以敵人視之。直到最近，仍然宣稱不排除武力解決臺灣問題。因此寄望於大陸的資源與市場，不但不切實際，並且十分危險。

除此之外，就戰略價值而言，東南亞國家對我們也有很大的作用；尤其是邁入廿一世紀以後，太平洋盆地的區域整體發展，美蘇勢力逐漸減退，以我們目前的成就，配合在這一個地區為數甚多的華僑，以及文化上的淵源，我們要去扮演一個積極的角色應該是可以期待的。

世界其他地區，或因距離太遠，如非洲、南美；或因政治不穩定，如中東；或因自組體系與我處於競爭狀態，如歐市國家，都不是發展經貿最有展望的地區。因而東南亞諸國，不論就地緣或資源而言，都是臺灣未來經貿發展的舞臺，臺灣正應以前瞻的眼光對東協諸國的關係，細心經營。

這是我們對外交部「東協區域工作會報」的結論無法滿意的原因。我們呼籲政府，擬定一套完整而有系統的東南亞政策，這套政策，除應付各國的特殊狀況之外，必須把握兩個基礎：

一是整體性。所謂整體性是指與東南亞各國相交，外交關係自然是努力的目標，但由於中共的排擠，在這個範疇中我們短期之內可能難有斬獲。所以，我們應擴大與他們交往，調整重點強化民間事務上，商務、科技、學術文化、體育的交流與互訪，對增進了解，消除障礙所發生的功效，往往超過幾個官員的往來。這是外交部未來制定政策所必須注意的。

二是主動性。我們對外關係常自囿於保守的心態，而缺乏積極的主動性，所採取的行動，往往是畏畏縮縮、只求應付。就以這次菲律賓爲例，菲國要求開放菲國勞工進口，擴大投資作爲通過「菲臺關係法」的條件，我方代表的言談顯得毫無立場也無原則。其實菲臺關係法有利於菲方者多，有利於我方者少，我們代表如果積極而主動地向菲方表示，只要通過該法，我方當予以回報，回報的內容可能包括開放菲籍勞工進口及擴大投資上，但如果不通過則免談。我們明明掌握了談條件與開價碼的實力，但表現出來的卻是心虛膽怯，一副受盡委屈的模樣，令人喪氣。

當然，要發展與東協諸國關係，對各國、各區域歷史、文化、社會、政治、企業等的整體研究，就必須立刻全面地加強。長久以來我們重歐美、輕亞非的政策十分錯誤；重歐美卻學不到歐美眞正的長處，輕亞非的結果對自己緊鄰反而十分陌生，爲了避免這項錯誤繼續影響臺灣的未來，不只是外交政策，甚至國家長期發展的策略，都須全面地檢討，確實地修正了。

我們的外交政策過去有兩個致命的弱點，一個是抱緊美國大腿，一個是忽略與近鄰諸國的關係，儘管世局的變化如此之大，可是這兩個原則的陰影卻仍然揮之不去，今後必須以主動積極的心態，才能眞正爲我們開拓出一片屬於自己的天空。

79・9・14

改進大學課程怎可說是違憲？

教育部日前修訂大學共同必修科目，決定以「憲法與立國精神」取代「國父思想」課程，並且將原來的「必修」改爲「選修」。這項改變本來是教育部嘗試突破當前大學教育的教學瓶頸，勇於改進教學課程的具體表現，獲得社會的肯定，尤其深受大學學生的歡迎。但不料卻引起「三民主義教學研究會」、「國父遺教研究會」、「中國五權憲法學會」的聯名抗議。連日在報端刊登「對國父思想課程修訂問題聯合緊急聲明」的巨幅廣告，激烈反對教育部修訂該課程的計畫，甚至提出控訴，認爲任何廢止或變相取消「國父思想」課程之意圖，皆屬「違憲之舉」。三團體並於昨日上午集會，研商對策，希望訴諸輿論、製造壓力，以挽回國父思想在大學校園中的固有地位。

平心而論，教育部研議多時的修改大學共同必修科目方案，容或有一些疏失，但整體而言，是站在改進大學教學以配合時代需要的立場，這一點是無庸置疑的；尤其是將二十年來最令人詬病的「國父思想」課程的教學，作一形式及內容的改變，而以「憲法與立國精神」取代，我們認為是正確的，也是必須的。理由如下：

一、教育部修改大學共同科目方案，是通盤與整體性的考慮，並非只對某項課程「開刀」，部分人士實不須反應過度。七月間教育部長與各大學校長研商確定大學必修科目類別分為國文、外文、本國歷史、憲法與立國精神及通識課程五大類，足見修改大學共同科目，並非針對「國父思想」而發。其中國文、外文的學分數因而減少，而以其他新開的通識課程代替，其他科目的教師都接受這項修改，國父思想課程沒有理由不接受，否則，這個改進的方案便不能夠整體完成。

二、修改國父思想課程的教學方式並不涉及違憲的問題。憲法雖是「依據孫中山先生創立中華民國之遺教」而制定，憲法第一條雖也明文規定「中華民國基於三民主義」，但憲法並沒有規定「國父遺教」及「三民主義」必須列入大學必修課程。因此，是否將國父思想列為必修，或刪除此一課程，應根據教學的現實考量，而不應考慮其是否違憲。

三、大學中國父思想課程是二十年前「三民主義」課程的延伸改進，但不論是「三民主義」也好，「國父思想」也好，由教育部授權，救國團編訂的教科書看來，內容並不僅限於三民主義及國父思想，而是充滿了政治色彩，成為政府或執政黨政治意見的宣傳管道。這項科目的教師在學校中的地位也異於其他教師，而受訓導處或特殊黨部的節制；這種現象在二十年前也許還可視爲當然，但在今天，已無法繼續容忍其存在了。

四、這項課程多年來不受學生歡迎，甚至深爲學生所排擠，已是不可否認的事實。民國七十七年十二月，臺大代聯會發布了一項對一年級學生所作的有關「國父思想」課程的問卷調查結果，有百分之五十二點三的學生認爲該課程「無價值」，指該課「極無價值」的，佔百分之二十一點二，認爲有價值的學生佔百分之二十八點九，而指該課「極有價值」者，僅佔百分之七點三。在「這門課你學到多少」的問題中，百分之五十一點八的學生認爲「完全沒有」、「沒有」或「幾乎沒有」；在「平均每十堂課上課幾次」的問題上，表示蹺課五堂以上的竟佔百分之三十四點一。我們重提這項統計，並不是說國父思想不夠博大精深，而是說由於長久以來該課程一直爲政治服務，使這個假借國父之名的課程只剩軀殼而缺少精神，對政府甚至於對國父都形成了事實上的傷害。

所以我們非常支持教育部修改這項課程的決定，以「憲法與立國精神」代替早已僵化、過時的「國父思想」課程。但新的課程，不論教學的內容及教學的形式都須同時改進。師資來源，亦須事先規劃、培養，否則新課雖開，如教師依然來自同一管道、教學內容仍是老生常談，如此換湯不換藥，將會失掉改進的初衷。

至於修改課程，尤其是將之列入選修課程之後，可能會在教師就業市場引起一些波瀾，這是教育主管機關所要注意的。但教育爲百年大計，不能因爲顧及教師就業市場而不求課程之改進。教師在學問所及的範圍內，仍可以改授其他課業，如不能改變，則應協助其資遣及退休，絕不能因爲少數人飯碗的問題，而因噎廢食。原來擔任「國父思想」課程的教師也應有此認識：社會在邁向現代化過程中，必須各方面配合以求改進，以「憲法與立國精神」取代「國父思想」，在技術上也許尚有值得研討的地方，但教育的現代化是大勢之所趨。這些教師既然在思想上有博大精深的修養，就應該摒棄私見與私利，全力支持教育部的改進課程計畫，使我國的大學教育早日臻於國際水準。

79・9・17

重振警察風紀，提昇警察形象

前些時候臺南縣警局意外捕獲槍擊要犯黃鴻寓，但卻牽連警察人員爭功謊報，後來又涉及侵佔人犯財物的不光采事件；前兩天高雄港警所警員錢皆興因攜械逃亡而發現其涉嫌主持刼案，前後竟達十餘次之多。雖然沒有人會因這些事件而整個否定警察對國家、社會的貢獻，但如果以爲這些僅僅是互不相涉的「個案」，則顯然是不敢面對現實的鴕鳥心態。

一個破案有功的警察，涉嫌侵佔人犯的金錶，事發後又多方躲閃，直到不得已才將贓物吐出，警局在輿論壓力下才將涉嫌警員移送法辦。一個基層員警，屢次策劃、主持危害社會治安的搶案，事發後攜械逃亡，被捕後竟稱所有的犯罪是對其主管不滿所作的報復，有這樣的人來替我們護法、執法，試問社會上廣大的民衆怎麼會有基本的安全感。

當然和其他的行業一樣，警察界中絕大多數都是盡忠職守、兢兢業業的守法人員，他們的清白廉潔、操持嚴正令人敬佩，但社會上卻普遍瀰漫著一些對警察不諒解的批評，如：與黑道掛鉤、包娼包賭、收受賄賂等，幾已成爲街談巷議的談話題材了。

我們必須承認，目前社會上警察的形象確實不好，尤其在這兩個案子發生後，警察界應該徹底檢討到底是那裏出了問題；發現問題後，應努力設法改進，絕對不能文過飾非，敷衍塞責；而社會也應該正視這個問題，各方配合，助其改善。因爲警察風氣壞了、形象毀了，社會便失去了有效的執法者，損失的不只是警察，而是社會整體。

今天警察的風紀爲何會墮落到如此的地步？部分人士以爲這是警察待遇菲薄的緣故，這究竟是不是關鍵之所在？警察待遇並不豐厚，這是事實，但也沒有到達貧窮起盜心的地步，因此絕不能作爲風紀敗壞的藉口。因此，我們以爲，維護警察風紀，提昇警察形象，目前已刻不容緩，我們絕不允許一個原本寄託以護法、執法的人竟然成了社會亂源之所在。至少警察當局及整體社會應該注意下面三件事：

一、加強警察道德與法律教育。警察是執法人員，沒有人會苛求警察成爲道德操守與法律修養的表率，但最起碼的道德標準卻必須堅守、執著，尤其是警察工作常常會面臨兩難之境。舉例而言，警察與黑道原本是極端對立的，但有時在破案的壓力下，警察必須與黑道有某種程度的結合，以便掌握動態、收集情報作爲破案線索，如此一來則對某些違法行爲只有睜一眼、閉一眼，久而久之，法紀的界限就慢慢鬆弛。警察當局及社會大衆也都知道，某些警察的「績效」事實上是在犧牲警察本身道德與法紀的狀況下換來的。那些績效所付出的社會成本，大得無法用數字來估計，所以，警察比任何人都需要道德執著與法紀堅持，這些非靠平時嚴格的訓練與風紀的要求不可。

二、暢通警察升遷與轉業的管道。多年來，高級警官多由軍人調職佔缺，使得警察升遷的管道受阻，近年來，此一現象已略有改進，但考核不公、派系充斥，依然使得警界士氣大打折扣。警察當局應該拿出魄力，將常年以來存在於警界的陋規一一破除，考核公正，消除派系，打通擢升管道，使操持好、才幹優的有出頭的機會，並且鼓勵基層員警進修，如不適於勤務者，輔導其轉業，代之以新血。如此，可以使警界注入新的活力，充溢新的氣象。

三、待遇雖不是警察士氣的唯一條件，但合理而適當的待遇，仍然是維持警察士氣的一大保證。不可諱言，今天警察的工作與待遇，確實有不成比例的地方，以如此的收入，固不易招徠大批有志青年進入警界服務，而執勤警察眼見富貴而祈其不動心，毋乃強人所難？以社會公平為出發點，提高目前警察人員的待遇，應該是合理的。所以有關當局應該積極注意此問題，並且力求其改進之道。

行政院長郝柏村昨天在立法院施政報告時也指出，他就任以來，首重治安的整頓工作。事實上，他上任三個月來，治安確見好轉，其中關鍵就是對警界的要求與壓力的加重。但是民衆也必須深作反省，如果不從道德的修養上與法治的習慣的培養上痛下功夫，完全依賴警察的努力，仍將是事倍功半的。當然，近來這兩件警界的不幸，事實上也是社會的不幸。我們希望痛定思痛，大家好好坐下來檢視我們社會的傷痕，千萬不要諱疾忌醫，使問題繼續惡化下去。

79・9・26

樹立正確體育觀念　制訂正確體育政策

——對亞運各項檢討會議的建言

中華奧會自今天起將召開兩項與亞運有關的會議，其中包括亞運代表團團務會議及中華奧會執行委員會議，兩項會議均將對此次亞運失利作深入的檢討。而從明日起，全國體總競技強化委員會也將對中華亞運代表團作分項的總檢討，會議將配合各單項委員會，總計進行五天。這麼多的會議集中在本週內舉行，而主題又集中在中華隊參加本屆亞運的表現方面，因此稱本週爲「亞運檢討週」實不爲過。

這次在北京舉行的十一屆亞運會，是我們睽別了亞洲體育競技二十年後首次組隊參加。我們組織的龐大代表團「浩浩蕩蕩」地在歡呼聲中開進會場。所以一開始，我們對這次與賽便充滿了期待與浪漫的幻想；但十餘天比賽下來，我們的成績不如預期的理想，爭取一九九八年亞運的主辦權也落了空。最後弄得代表團領導失和，貽笑彼岸，確實有些令人喪氣。

我們代表團得到銀牌十面，銅牌二十一面，總得牌數是與賽隊伍中的第五，但由於沒有正式比賽的金牌，總排名落到第十六名。這一點是運氣不佳的緣故，運動員在競賽中大體上已盡了力，所以無須苛責。爭取一九九八年亞運主辦權，則怪我們硬體不夠和法規上被人抓住把柄，使我們在爭取行動中缺乏理直氣壯的聲勢。試問迄今還沒有一座像樣的體育館，直到現在還限制比賽個人及團隊的政治屬性（如限制共產黨員入境），如何能不將我方的爭取行動陷入重重的困境之中？另外，我們體壇領導人對中共認識不清，對他們一直懷抱著不切實際的幻想，以為中共會為我們居間撮合，想不到反對我們最力的竟然是中共。中共不但阻撓我們主辦亞運，甚至在會中阻止我方發言，提案取消我方代表的資格。這個結果，大大出乎我方代表的預料之外；我方事前既無知人之明，事後除嗟嘆怨尤之外，又不知所措，判斷的失誤與表現的失態，値得深入檢討。至於最後我們代表團領導之間相互指責攻擊，主要領導人不待亞運結束便先行離開，更予人以「棄甲曳兵而走」的印象，不但騰笑國際，且亦影響運動員士氣，確實有些不可原諒。

當然，這些都須要深入檢討、切實改進。但最該檢討反省的，其實不在這些。我們應該藉著這個機會來好好想想，什麼才是我們的體育精神？我們對體育究竟應該抱持著什麼態度？我們這次派遣四百餘人空前龐大代表團赴大陸與會，就以預估的實力而言，我們不但遠遜大陸，也絕對不如日本與南韓，派一個數量和實力不成比例的代表團確實有些不倫不類。如果說是熱心參與，不在得獎，又是絕對的違心之言。十項全能選手李福恩撐竿跳失利，痛失得標機會，全國各大報均列爲頭條新聞，可見我們兩千萬人看金牌比別人只有重、沒有輕。我們派龐大的代表團，包一架巨無霸客機，絕不只是爲了「參與」這個單純的動機；我們期望在運動場上，在各國人士及大陸同胞面前展現我們比較優雅的、富裕的姿態，重新塑造長久以來已被人冷落、遺忘了的「在臺北的中國人」的健康容顏。這是社會上默許而公認的正當理由，但這又明顯的超逸了體育應有的範疇；另外，我國的民間及政府，也試圖經由這次友善的舉動來試探大陸的反應，做爲未來推動雙方關係的參考。這一點，臺北的奧會最爲熱心，半年之前便在積極地推動「兩岸直航」了。這些事務的本身並沒有什麼錯，錯在它們假借體育的名義，他們喊著振興體育的口號，而其實是將原本單純的體育帶入一個充滿險巇的政治泥淖之中。他們表面是在舉辦體育活動，而其實在所有的運動比賽中體育已成了絕對的配角，主角在志得意滿之後，偶爾也會分一些光彩和利益給配角，但他絕對不是運動會的核心主題。我們表面上反對體育的政治化，因爲長期以來我們是這個畸形制度下的受害者，但我們在獲得主控權之後，卻也無時無刻不在期望政治把它的八爪深深地扣緊抓牢在體育、在藝術、在一切有創造力的人文活動方面。政府與民間，對此似乎有同步式的共識，這是我們推行體育的眞正阻礙，也是我們社會危機之所在。

要消除這個危機和阻礙，必須給體育一個自由開放的空間，所有外在勢力在支援體育活動時，必須抱著節制與寬容的胸襟，對體育活動，不加意識的干預。我們應該建立我們的國家體育觀念，這個觀念的主旨在藉體育提升國民健康的水準，而不是藉體育提升國家或政府的形象。基於這個觀念，我們反對表面在提高體育但卻與體育精神違背的所有行徑。譬如體育行政的法西斯式領導、體育教育中的斯巴達式訓練，任何鼓勵運動員以不正當的方式創造紀錄，這些都是不人道也是不可取的。

只有正確的體育觀念，才能建立正確的體育政策。我們希望爲期一週的亞運會檢討，能夠注意及此。

79・10・15

政府應將文化重建列入施政重點

臺北市發行第二期愛心彩券的前三日，市銀行彩券科便有大批經銷商排隊；及至發售當日，因搶購人潮過於擁擠，市銀行無法維持秩序，臨時勞動警局派遣百餘名警員到現場，才勉強正常作業，但其間爭吵、搶奪、糾紛時起，俟市銀行答應將庫存所有二千一百萬張彩券完全拋出，保證經銷商人人均可購得，現場秩序始略微安定。但以後數日，臺北街頭，盡是刮後廢棄的彩券；購買彩券者，有商人、有工人、有公務員、有教師、也有幼齡的學童，這些人藉著簡易的對獎程序，將他們對未來的希望也簡化成一個小小的幻覺，表面上似乎容易實現，而其實更容易破滅。

彩券名之曰愛心，但不論出售者或購買者，均不會想到他的作爲是在爲社會盡一分愛的責任。不僅如此，卽使是發行彩券的臺北市政府，也不是眞心打算在社會福利上大展鴻圖，只是假借愛心的名義，所憑藉的是民衆嗜利好賭的貪婪之心，而眞正的立意，是在爲市政府謀求較好的財政平衡而已。兩百餘萬人口的臺北市，兩千餘萬張的彩券數日內便被搶購一空，平均每位市民購買了十張以上，數字確實驚人。在此利多消息刺激之下，高雄市和臺灣省政府也決定迎頭趕上，打算在年底前發行更大規模的彩券，為這個外人諢稱「賭場共和國」的小島，更增加一條強而有力的注腳。

這種集合了虛假、欺騙、斲喪個人價值，助長物化歪風的行為，在此間社會已成為流行；現在的社會，道德崩解、理想蕩然，以致在政治上的追求民主，在經濟上的追求自由，都成了響亮的口號。而其實只在遂行其自私、貪婪的所得罷了。這個社會再也沒有誠實的人，這可由近年來政治場景層出不窮的爾虞我詐的行徑上看出來；這個社會再也沒有勤勞的人，這可由北二高、五輕建廠如不請外籍勞工便要停擺看出來，這是一個社會即將崩潰瓦解前的徵兆，我們不得不痛心地指出。

造成這一嚴重的現象，原因非一。政治上，國人對前途的不確定感，是臺灣社會不能保持孟子所說「恆心」的重要因素，無恆心，則放辟邪侈，無所不為；經濟上，這幾年的震盪起伏，貧富的易位或差距的拉大，一方面影響到社會結構的改變，一方面使得機會主義擡頭，這些都足以令舊有的價值體系呈現混亂與消散的現象。而其中最嚴重的是政府在施政時，長期忽略文化的價值，對文化重建的工作，幾乎沒有作任何的經營與努力，坐視人的價值逐漸破產，社會風氣日趨下流，這是當前的施政重大失誤。

政府在中央有文建會、教育部，在地方有社會、教育廳、局主管文化工作，不能說對文化完全不聞不問。但不論中央和地方，文化建設其實只居於經濟建設下聊備一格的地位而已，而僅有的投資，又多止於硬體。館舍表面堂皇，內容則因陋就簡。至於學校教育，長期以來所重視的不外理、工、醫、商，對人文教育通常極爲忽視，這是我們社會雖然具有財富但卻沒有向心力，雖然已達民主、自由的初步，但依然喪失信心，瀕臨瓦解的主要原因。

振興文化絕對沒有特效藥，但我們社會如果再忽略文化重建的工作，未來將落入任何政策都不可救的境地。在社會敗象已露的今天，政府應該首先將文化政策放在其他政策之先或之中預作考量，斷不可如以往將文化工作視作累贅，拋諸腦後。如建一高速公路，也應該建一座相同面積的公園，令民衆在奔馳之後有休息、沈思的空間；建一電視臺，除宣導政令之外，也應考慮提供民衆有自由教育及提升文化品質作用的節目。

其次，政府應獎助鼓勵民間的文化活動，以降低社會泛政治化活動的溫度。政治活動著力於權力的爭奪，政治溫度愈高，社會將愈形不安，而文化活動是社會穩定、和諧所不可或缺的清涼劑，政府於此應多加留意。獎助鼓勵並不須太多的金錢，小行動的力量往往勝過龐大的預算。日本政府將文學家夏目漱石印製在他們的鈔票上，法國將音樂家白遼士也印在他們的鈔票上，他們對文化人的尊重超過國家元首與政治家，給文化人與文化活動的鼓勵，勝過千萬金元。要想把社會上的戾氣化爲祥和，把社會上的貪婪化爲謙讓容忍，政府其實有用不完的本錢。

另外，宗教對社會穩定，也有極其重要的作用。一位兩袖空空的比丘尼，可以集資建一所現代化的醫院，她展現的社會力量，比一萬個荷槍實彈的警察要大得多。西方國家重視宗教正風易俗的功能，始有今日的禮義之邦。政府嚴守分際，不加干涉，從而使教化大張，風俗醇美，這一點，也值得我們借鏡。

臺灣社會所呈現的現象，並非一天所造成，所以要改善此社會現象，也絕非短期所能奏功。社會風氣嗜利好賭，虛榮浮華，當然不該要政府負起唯一責任，但政府有龐大的組織，有強大的決策權力，卻將社會的墮落敗亡視如無睹，也絕對說不過去，這是我們要求政府將文化重建列入政府施政重點的理由。

79・10・21

推行文化復興必須擺脫政治糾葛

中華文化復興運動推行委員會已推選李總統登輝先生爲會長，據聞總統已表同意，將於本月十二日國父誕辰紀念日，也就是中華文化復興節當日就任。輿論皆以爲總統願親自擔任此項職務，顯示總統及政府重視文化事業，對未來推動文化建設，導正社會風氣，必可產生積極鼓舞的作用。

民國五十五年十一月十二日國父一百晉一誕辰紀念日，先總統蔣公發表〈中山樓中華文化堂落成紀念文〉，指出國人倫理、民主、科學爲中華文化的基礎，並指示復興文化、重光大陸的努力方向。當時參加典禮人士聯名建議政府，將每年國父誕辰訂爲「中華文化復興節」，國內外各界人士並發起文化復興運動。次年七月二十八日，「中華文化復興運動推行委員會」在陽明山中山樓正式成立，蔣公並親任會長。二十餘年來，「文復會」領導文化復興運動，對發揚傳統文化、振興倫理道德、端正社會風氣有相當的貢獻。

但臺灣社會近年來的驟變，已使原本的價值體系逐步崩潰瓦解，以「文復會」爲例，這個原來經費充足、人力資源雄厚的機構也因立法院刪除所有補助經費，在預算枯竭、人力萎縮的逼迫下已形同虛設。但令人憂心的並不在於一個機構的成立或裁撤，而是當社會在進入更開放、更自由的同時，並沒有相對增加這個社會賴以維繫的凝聚力，一個社會缺少了基本的凝聚力，更多的開放和自由，只是使得整個社會瀕臨更多崩解的機會。

因此，我們對李總統在這個時機毅然決定親自擔當這個面臨破敗崩解的機構的會長，試圖以振興文化來提升社會凝聚力的行動表示敬佩。但這並不表示，我們對已進行了二十餘年的「中華文化復興運動」是完全肯定的。我們認爲，領導文化復興的「文復會」，必須在體質上更新組織，在觀念上擴大視野，在行動上積極進取，否則，絕對無法應付這個社會的需要，終必無法避免被社會淘汰的命運。

二十餘年前的「文化復興運動」其動機是政治的，而非文化的，這是一個無法否定的事實。當時中國大陸正在進行人類歷史上最荒謬的「文化大革命」，我們因爲反共的政治因素，而進行「文化復興運動」。因此，我們的「文化復興」，只是整體政治運作中的一個環節而已。政府對傳統文化的肯定，其實是透過政治鬥爭的需要所分潤下來的結果。所以在體質上，文化復興的著眼並不完全在文化，文化在與政治比較時，永遠居於配角的地位。這一點，在政治現實改變的今日，文化復興的價值被人否定，「文復會」被逼瀕臨關門的境地，是有其不得不然的理由。職是之故，今天如要繼續推行文化復興運動，必須首先肯定文化的獨立價值。必須將文化與現實政治的關係釐清，如果無法排除文化與政治的糾葛，必須認識文化是政治的最終目的，而非手段。

因爲以往的文化運動是反共政策的一部分，所以其行動作爲，太過表面化、口號化；又因爲臺灣與大陸是對立的兩個政權，所以文化復興運動的根據地是臺灣，活動地也是臺灣，政府從未想到在大陸，在世界有推行中國文化的可能，所以在觀念上，充滿了狹窄的地域性。如今要繼續推行文化復興運動，必須有這樣的認識：中華文化不僅是臺灣所獨有，也是全中國人以至全世界的可貴資產。推行中華文化，不應局限在臺灣，也應擴大到整個中國，甚至全世界。由於文化不像政治或宗教，充滿了對立及排他性，所以推展文化，絕對不能訴諸武力暴行，它是和平的、包容的乃至融合的；它更是有機的、有伸展性的。所以，除了研究，應該把文化的視野放在更大的未來，而不應只在故紙堆中作抱殘守缺的陶醉。

李總統前幾天曾以執政黨主席的身分對大專院校校長講話中指出，大專青年應注重「全人教育」的培養，他以感性的語調舉出，大專教育的目標是：「讓他們懂得注重價值而不是價格；讓他們懂得重視生命而不只是生活；讓他們懂得努力事業而不只是職業；讓他們懂得追求幸福而不只是財富。」他又說：「一個社會如果缺少了人才，就缺少了動力；忽視了教育，就放棄了希望。」雖然這只是對大專青年教育所說的話，但由此可以見出李總統對教育、文化的認識，已確然超離了泛政治化的窠臼，而以獨立的生命，全新的價值視之。給人耳目一新，精神一振。我們更高興的是，政府已對臺灣社會的現實狀況作了一次深入的分析，努力方向已不再只側重物質的建設，也兼顧了文化的建設。這一點，郝柏村院長在立法院的施政報告中便重申政府已將文化建設方案納入國家建設六年計畫之中。因此我們期望，藉由總統的入主「文復會」，政府以文化政策列入施政重點，必將帶動社會對文化的重視，中國人的意義與中華文化的價值將重新被世人所肯定。

79・11・5

從毒品氾濫透視我們教育的品質

安非他命等毒品侵入校園，最近已形成驚人話題。民間與政府對此均十分重視，紛紛責備學校教育失敗，擬出許多辦法，試圖將毒品、毒販逐出校園。立法院打算制訂法律，對自首的吸毒學生，一律免除刑罰，而對社會販售、持有毒品的罪犯，則加重刑罰；行政院長發表談話，呼籲社會重視校園毒品氾濫的嚴重情況，要求教師隨時檢查學生書包，阻止毒品的流通，以維護學生身心的健康。

朝野之重視學生吸食毒品，是因爲學生吸毒成爲風氣之後，對未來社會的發展，具有極爲嚴重的負面作用。我們可以預測，如果任由校園毒品繼續氾濫，吸毒學生將成幾何級數的增加，十年後，甚至不到十年，我們將無可用之兵員，無可用之人才，臺灣社會累積了數十年的財富與智慧，將隨時土崩瓦解。但將目前校園毒品氾濫視作單一問題，而僅謀在校園內解決，卻也是個錯誤。因爲學生吸毒絕對不只是一個學校教育的問題，而也是整個社會以至整個文化的問題。如果以爲教師勤於檢查學生書包，便能禁絕毒品，老實說，這是個不折不扣的幻想。因爲學生不把毒品帶到學校，也能夠吸食到毒品。檢查書包，只是不負責任的「鋸箭法」而已。當整個社會均陷於精神緊張狀態，任何黑巷都能供應麻醉品的時候，想要使毒品從學校絕跡，是絕對不可能的事。所以處理今天校園毒品的滲透，必須從整個社會的觀點來著眼，振興社會文化，使人人有高尚的品味及情操，降低社會暴戾、緊張風氣，使人藉助毒品麻醉、鬆弛的需求消失，才是杜絕毒品氾濫的最根本之策。當然，訂定適當法律，使販賣、持有毒品爲非法，積極的查禁、切斷供需的管道，都不可少。另外，對提供毒品給未成年人使用的罪犯，應該加重其刑責，是所有文明國家都採取的法律手段，如此，當可阻止毒品流向青少年，維護國家的根本。

徹底解決校園毒品氾濫，我們之所以主張必須從整體社會著力，並不是說學校教育可以逃避責任。今天在學的學生吸食毒品已十分普遍。據統計，毒品氾濫最嚴重地區的臺北縣，在國民中學裏近百分之十的學生有接觸安非他命等毒品的經驗。當然這個統計的正確性尚待商榷，但即使再降低數字，其比例也必十分驚人。更嚴重的是，不只是操行、學業成績低下的學生，才吸食毒品，連成績優良的學生，也有吸食安非他命等毒品的紀錄。到底是什麼力量，使得毒品在校園中如此氾濫成災？當然，學校之外的社會提供廉價而不斷的貨源，社會的良心逐漸的萎縮而消失，都是促成校園毒品流行的重要因素。但是，學生接納毒品，還有其內在的原因，這個內在的原因反應了我們當今學校教育的嚴重缺點。假使這些缺失不能消除或改善，老實說，要使學校在禁毒方面收立竿見影的效果，確實有其困難。

細究校園毒品氾濫的地區，大多是城市或城市邊緣的國中及高中，而鄉間的小型學校則少有發現。一方面是因爲毒品供應以城市爲主，而城市學校，體制龐大，學生過多，學生在水泥建築與人羣的壓力下，往往失去心理上的平衡，有時須藉助藥物，方能紓解緊張的情緒；另一方面，在整個學校教育中，升學主義帶給學生的壓力更甚於前者，甚至可以說，升學主義才是促成校園毒品氾濫的眞正兇手。

升學主義爲我們的學校教育所帶來的負面影響，早已是有目共睹之事。以升學爲目的的教育，是把當下的教育當成下一階段教育的手段，爲了提高成績，它必須把學生類化、數據化成統一的類型。表面上是有利教學，其實是斲傷人性。它以分數的高低把學生區畫成不同的階級，萬一不幸被分到「放牛班」，很少學生能逃過自暴自棄的陷阱。廉價和便利的毒品便由此乘虛而入，成爲他們精神上的主宰，而被分到競爭激烈的升學班者也不見得幸運，功課與成績的壓力也可以使學生失去控制的力量，痲醉與亢奮的藥物，也可以幫助他們暫時逃避壓力或興奮精神，這是毒品在校園氾濫的主要原因。

學校教育重智輕德，使得教育的成果化成一堆無機的分數。學生只認識分數的高低而不知品德的高低，當然助長了校園的罪行；學校教育只重視升學的技術訓練，對完整教育中的德育與美育過分的忽略，以致使學生的生活品味只能停留在現實層面中，缺少提昇作用的力量。像氣節、理想、風格、操持等，這些既是道德又具有美感的價值意義，學生無緣體會、欣賞，於是造成了校園文化的低俗卑下，對校園犯罪流行、毒品氾濫，自也構成影響力。

校園毒品氾濫，當然不能要學校當局負起全部的責任。今天，我們應該藉著這個機會，不僅要將毒品問題列爲優先課題，而且要徹底檢討當前教育上的結構問題。我們認爲，現在是對學校教育，無論是形式上或本質上都應謀求積極改進的時候了。

79・12・9

文化重建是施政不可忽略的課題

李總統登輝先生在元旦祝詞中沉重地指出：復興基地多年來經濟的飛躍成長，創造了舉世矚目的「臺灣經驗」，然而也造成了若干社會、文化及生態環境的失衡現象。因此他要求政府在推動「國家建設六年計畫」之中，除了以精密的規劃、前瞻的眼光，提高國民所得、厚植產業潛力，均衡區域建設之外，也應注意整體的文化建設。因爲文化是立國的根本，也是國家長期發展最重要的一環。

我們對李總統的看法深表贊同。中華民國目前的處境，經濟上的貧富或政治上的民主與否已不是最重要的課題。社會的凝聚力在逐漸消散，道德價值在迅速崩解，才是我們最擔憂的問題。如何使我們在富足之餘還講求過有意義、有價值的生活，如何使我們在爲自己爭取權利之外，也能夠對別人產生包容與同情，這種涵養，稱之爲道德也好，稱之爲文化也好，確實是這個社會當下亟需爭取而擁有的資源。具有這項資源，我們社會才會在祥和、溫馨的氣氛中邁步前進，否則富足將引起更多的貪婪，民主則將成爲遂行自私的藉口。

政府在施政時，能夠注意到道德與文化的重建，將文化視作立國的根本，確實是深有見地。但道德與文化，所牽涉的層面極廣，即使要解決其衍生的問題，也絕不是開個會議，擬幾個振興方案就能奏功。政府自去年李總統就職以來，數度表示將提昇社會道德、重振中華文化，但具體事務，除了開一個形式與內容均極爲空洞的「全國文化會議」之外，似乎一無所成。當然，文化事業不能期盼其速成，可是當前政府施政，無論近程或遠程，其目標似乎都與文化無緣，足證國家的領導人對文化雖有認識，但制定政策時卻缺少相關的配合，以致重振道德、文化也者，依舊停留在口號、標語的階段。

如果依李總統所宣示，文化建設是國家長期發展最重要的一環，文化的重建，將導致倫理道德的重整，社會風氣的導正。因此，政府施政，確實應該將文化理想，融入其施政的終極目標之中；如果文化與道德是政府施政的終極目標，則政府應該首先對下面三個問題有所認識：

一、文化人才的培養刻不容緩。四十餘年以來，政府對人文教育的關懷明顯不足，以致國內社會的第一流人才爭相進入科技界、醫界與財經界，人文學科的研究相對地落入荒漠之中。這個現象可以由以下兩個事實看出：其一是國內人文研究學者申請研究補助或獎勵，必須透過「國科會」。也就是人文研究必須經由主管科學的機構核准補助或獎勵，而核准補助的經費又根本無法與科學相比，足證政府在基本上還不承認人文學者的學術地位與價值。其二是主管文化事務的行政院文建會，最近在「國際翻譯會議」中提出了一個國家級的翻譯工作要點，計畫未來將《紅樓夢》、《三國演義》、《西遊記》等古典名著翻譯爲英文，不料此一計畫一經提出，便騰笑中外。原來這些作品，不僅早有英譯，甚至譯本尚不止一種。主管最高文化事務的文建會竟然如此疏失，證明我們的文化人才極爲不足。在我們目前的處境下，培養有見識的文化人才是迫切的、是刻不容緩的，政府首先須有這個認識。

二、當前社會需要的是文化的重估與道德的重建。所謂重估與重建，是參考歷史，爲當前的社會擬具一個新的生活綱領，而非完全因襲傳統文化，也非固守舊有道德。這一點，提倡復興文化、重振道德的政府官員，尤須明辨而謹言愼行。傳統道德以個人與家庭的關係爲中心，而傳統的以家庭爲主的社會事實上已逐漸崩解。因此，重建一種適合目前社會需要的社會道德規範是急需的，它必須配合當下的社會實情及需要，譬如尊重個人隱私、強調公衆利益。家庭爲個人感情之所繫，但在社會的構成中，它已逐漸失去了往常的重要性。政府官員最近提出恢復三代同堂、恢復抗戰之前的新生活運動之類的建議，便是對問題認識不夠深入。如果不對文化問題作深入的重估，然後再制定與執行文化政策，謂將達到倫理道德重整、社會風氣導正的目標，恐怕是極爲困難。

三、道德、生活敎育極爲重要。道德、生活敎育的方式不在規範，而在良知的自覺：道德、生活敎育的場地不只在學校，而在整個社會。但我們的社會，在長期的畸型發展下已經顯出了許多問題，其中包括貧富不均、重視結果不重視過程，強調倖致、忽略踏實的努力，以致整個社會，相信吃苦會成功的人愈來愈少，大家均思以巧取豪奪的方式求一夕致富。政府也許不是這種風氣的製造者，但對這種風氣，至少有相當的影響力。譬如在租稅政策的制訂上，應該以均富爲目標，推行社會福利，防止財富集中。政府其實還有許多方法，推動社會走向公平合理的境界。一個公平而合理的社會，才是道德與文化社會的最佳土壤。

李總統在元旦祝詞中對重振道德、文化的提示，語重心長，發人深省。我們寄望政府在提出具體措施時，能夠注意及此，建立正確的觀念而謀求以踏實的方式解決問題。

80・1・4

大學聯招是到改革的時候了

教育部所屬「大學入學考試中心」昨天提出「大學入學考試分兩階段實施草案綱要」，擬將大學入學考試劃分爲兩階段實施。第一階段旨在評量學生在高中所學，並盡量導正高中教學正常化，試題難度將較現行聯招簡易，且試題形式皆爲測驗題。考試時間定於每年五月中旬舉行，考試科目是國文、英文、數學、自然、社會等五科。第二階段考試旨在彌補第一階段考試的不足，並使各校、各系可以選擇所需要的學生。考試科目除語文科必考外，各系再自訂一至二科考試科目。第二階段考試成績佔入學總成績的比重，由各校、各系在全國統一的範圍內自行訂定。

這項擬議中的「草案」有幾項特色：

一、對各校、各系的特色與發展，予以肯定及鼓勵。由於傳統的聯考制度，以學生成績及志願的順序爲分發學校、科系的唯一標準，完全不顧及學校及科系的不同需要，再加上教育部對各學校管制嚴格，課程設計、學分多寡，均有統一規定，遂使臺灣地區大學及獨立學院的密度雖高，但二十所大學與一所大學並無不同，校與校間、系與系間幾乎無區別及特色可言。如大學入學考試分爲兩階段實施，其中第二階段容許各校、各系憑其需要加考不同科目，對各學校及科系，至少表示了相當的尊重。

二、聯考分兩階段實施，一方面沿襲了傳統聯考公平的特性，一方面對學生的特殊性向與才能予以鑑別的機會，使具有特殊才能的學生可以進入相關學校與科系就讀。

三、在第一階段的考試中，考試科目分國文、英文、數學、自然及社會五科，將四十年以來每次考試不能缺少的「三民主義」排除在考試範圍之外，足見教育部已經注意到聯考應擺脫長期以來意識形態的影響，而朝向更實際、更合理的教育方向邁進。

雖然草案的細節還須繼續擬定，而且目前的辦法還不能脫離實驗的色彩，但整個草案，既尊重傳統，又富於積極的開創性，我們認爲值得在認眞研究後，採行實施。

不可諱言，低廉的學費及以公平爲目的的大學聯考制度的確對臺灣地區大專教育的推展曾有過極大的貢獻。尤其一個沒有出身背景，而且相當貧窮的學生，只要具有相當的成績，便可以理所當然的接受高等教育，而成爲社會的棟樑之材，對我們社會的影響之大是無與倫比的。但實行了三十餘年大學聯考制度，相對的也對臺灣的高等教育造成了許多不可彌補的創傷，那就是外表公平的聯考，不尊重個別差異，往往成爲戕害個性、斲喪創造力的緊箍咒。這種限制，可以在兩方面看出：其一是臺灣沒有一所具有特殊風格與成就的大學，其二是聯考成績的市場價格，造成了臺灣社會獨有的「升學主義」，而升學主義爲臺灣教育所造成的負面影響，既深且鉅，早爲社會與教育學家所詬病。

今天的社會，已經從權威領導的一元社會逐漸進入繁複多彩的多元社會，以往強調的公平原則，在今日已沒有過去那麼重要了。而隨著形式上的「公平」所帶來的獨斷、排他、意識形態掛帥的思維方式早就應該消除。今天的社會，有各種獲得肯定與成就的機會，因而大學教育雖然重要，但已不是所有成功的必要條件。所以大學教育不是普遍必須具備的資格教育，而是講求個別成就的個人教育。維持表面上無懈可擊的數據，而強調齊頭式的公平，其實是違反了培育人才的教育宗旨，與公平的定義不僅不符合，而且適得其反。

對目前聯考制度，我們以爲已不再能配合社會的需要，而到了必須改弦更張的地步了。因此有計畫的改變，確屬必要，教育部的兩階段考試方案，值得肯定與推展。但考試是教育中間的一個過程，考試並不是最後的目的，目的在於大學教育的全面改善，假如只注意招生考試的改進，而忽略大學教育在形式與內容上實質的興革，則改進的成績仍是有限的。

可是考試在我們社會具有獨特的魅力，在考試制度上作一些調整，對整個教育，確會產生不僅象徵也有實質意義的改良作用。我們認爲，大學入學考試的目的既是爲學校、科系選擇適當的學生，也幫助學生選擇適當的學校及科系。但由一次或兩次的考試來決定一個人未來學習的方向，無法避免有武斷和僥倖的可能。所以採取國外一些大學行之有年的制度，大一修習共同科目，大二才由成績及性向選擇科系，仍不失爲可以考慮的方式。另外，高中的教學與考核應該有公定的可信度，大學院校除了由入學考試來挑選學生之外，還可以由「保送制度」來得到合適的學生。因此，合理的保送制度，不但可以彌補入學考試的不足，對學校與學生也能產生強烈的鼓勵作用，值得研究推展。

入學考試方式的改革，牽涉很廣，震撼性也大，勢必引起某些人士的反對。但盱衡目前的情勢，不作改進，實不符現實社會的需要；今天大學入學考試的改革應可以視爲大學教育全面改革的先聲，必須積極地規劃，切實地推行，而且不宜拖延過久。

80・1・6

善意與耐心是中國統一的最基本條件

——回應《人民日報》對我「國家統一綱領草案」的抨擊

中共中央機關報《人民日報》前天發表署名評論，猛烈抨擊我國的「國家統一綱領」草案，文章中譴責臺灣打算繼續推行實質外交或一國兩府，並要求大陸必須改變現行的政治經濟制度。

這篇題目爲「重設藩籬、難開新局」的評論稱，綱領草案不過是在兩岸關係發展的道路上重新設置了幾道藩籬，臺灣當局依然缺乏前瞻的眼光與務實的行爲。譬如草案中將「開放兩岸直接貿易投資與通航」排除在近程交流階段之外，仍將兩岸目前的交流圈定在「民間」範圍中，可見草案中「近程階段」中所提「擴大兩岸民間交流」不過是追認既有的事實，並無實質的意義；而草案中強調「在一個中國的原則下，兩岸在國際間相互尊重，互不排斥」被視作臺灣試圖繼續推行實質外交或一國兩府，草案中的「大陸地區應積極推動政治民主、經濟自由、輿論開放，以增進人民福祉」，則明顯是要求大陸必須改變現行的政治經濟制度。該文認爲一國兩府實質上是在搞兩個中國或一中一臺，是「違反兩岸人民根本利益的」；而要求大陸改變現行制度，則是一種不切實際的幻想。

這是我方發表了「國家統一綱領」草案後，中共最正式的一篇評論文章，但綜觀全文，確實令人失望。第一是這篇文章中並未表現出大陸當局對臺灣提出的分階段的統一綱領有任何配合的意願，反而極不具善意地予以徹底否決，第二是中共當局在技術層面上雖然顯示了一些妥協的態度，但在高層面的原則問題上，依然抱持著絲毫不退讓的立場。事實上統一的問題，絕不是一個單純的技術性問題，中共拒絕在結構性的思想上調整自己，僅要求對方屈從自己早已設計好的規則，希望對方墜入自己早埋好的陷阱，中共的思考方式與處理態度，實無法令人苟同。

舉例而言，中共看兩岸統一，著眼點似乎只停留在促進臺灣對大陸投資及通航等諸多枝節性、技術性的問題上，在這些方面，中共顯示了相當善意與妥協的態度，不惜單方開放投資管道，允許臺商與臺胞自由出入大陸，在促進直接通航上，不惜允許將通航之初的航權先讓給臺灣的航商，許以厚利；這些單方面的開放行動，不可諱言，對兩岸關係從解凍到融洽，作出了相當積極的貢獻。但在涉及較高層次、有關基本結構性的問題時，中共則顯示了其一貫堅持不讓的立場，譬如中共迄今仍然表示不願放棄以武力犯臺，對臺灣生存所繫的對外活動，依然趕盡殺絕式地予以抵制，根本不承認臺灣爲一獨立的政治實體。在臺灣逐漸調整自己，遷就現實，預定今年五月終止動員戡亂時期，將中共不再視爲一「叛亂團體」，就在這個時刻，中共所顯示的立場與態度，不啻是一個令人傷感的諷刺。

兩岸經過了四十餘年的隔絕，今天的政治現實是長久的歷史所造成。要彌補歷史所形成的創傷，絕不是通過一兩個簡易的步驟便能達成，所以雙方的善意與耐心是統一的必要條件。中共所要求臺灣方面放棄「三不」，盡速付出對等交流的機會是合理的；但臺灣基本上已是一個法制社會，開放所涉及的法律，必須經立法程序一一解決，而非如大陸只經一人「拍板」便能達成，這是兩岸的基本差異，中共應該有所認識。而相互交流乃至最後統一的最大阻力並不在法律，正如同「國家統一綱領」草案「近程」階段中所說的，是「以交流促進了解，以互惠消除敵意」，所以在交流中不應危及對方的安全與安定。在互惠中不應否定對方的政治現實，以建立良性的互動關係；這種互相尊重的善意，是兩岸交流乃至最後統一最主要的動力。

但中共對此，似乎缺少共識。中共儘管把「和平統一」的口號隨時掛在嘴上，而在實際行爲上，卻有違「和平」的原則。隨時施以武力的恫嚇，不承認我政府爲一對等的政治實體，都是具體的例證。

我方宣布的「國家統一綱領」草案，雖然尚有爭議之處，但大體而言，是中華民國政府對兩岸消除畛域、邁入統一的具體看法與建議，步驟採漸進的方式，避免躁進所帶來的危險，而其中也顯示了廓然的大公和積極的誠意。最重要的是，在草案中處處提示，統一的大業，必須兩岸同時善盡責任。草案最後在「遠程——協商統一階段」指出：「成立兩岸統一協商機構，依據兩岸人民公意，秉持政治民主化、軍隊國家化、財產私有化、社會多元化的原則，共商國家統一大業，以建立民有、民治、民享的中國。」將未來統一大業，落實在眞正的民主基礎之上，這個基礎，中共不應視爲要求大陸改變現行制度而應該承認它的永恆價値。

不論中共或臺灣追求中國的統一，要的是一個完整、完美的中國，而不是要一個任何地區被消滅或被摧毀的中國；任一地區被消滅或被摧毀，統一就不具積極的意義，甚至是中國人的恥辱。因此，對臺灣，中共應該以一個對等而可敬的對手相待，彼此尊重，互相以理性、對等、安全、和平漸進的方式來處理兩岸關係。我們期望中共在這一點上，有共同的認識。臺灣現在已逐漸地調整自己，中共，作爲中國統一的共同的責任體，也應該在基本問題上，努力地調整自己，而不應一味的指責。

80・2・8

修訂人文、社會教科書宜順應多元的思潮

隨著三年來戒嚴、黨禁、報禁的相繼解除，臺灣的政治、社會，已進入一個前所未有的多元階段。而兩岸關係，也因爲開放、交流而產生了一個新的局面。這些客觀環境的巨變，對我們人文、社會教科書中所涉及的事實認定與價值取向，亟需作新的檢討與釐清。我們很樂見國立編譯館決定以前瞻的眼光從事國中國小教科書的修訂。在此我們願表示一些意見。

長久以來，我們人文、社會教科書中充斥著不合現代精神的價值判斷，以及過分遷就現實政治，違反客觀、合理思考標準。這些錯誤的材料與不當的判斷，不僅使學生食古不化，甚而養成學生偏執、排他、自以爲是的心態，對學生與社會的發展造成相當的負面作用。

當然，其中最重要的恐怕是對中共定位的問題。因爲教科書中的許多錯誤，都跟長期的「仇匪恨匪」這個政治意識形態有關。今年五月動員戡亂時期即將宣告終止，中共對我們的敵意雖未盡消除，但終於可以用一個比較客觀的政治實體視之。教科書中對中共的態度必然

牽涉許多價値的重新認定。因而未來一方面應該積極選擇合理而有建設性的教材，一方面應糾正舊教材中事實認定的錯誤，以配合現在社會的多元需要。卽使動員戡亂時期不宣布終止，這項調整和改革也是必要的。

我們認爲，未來修訂人文、社會教科書，應該在以下兩個問題上作深入的檢討：其一是教材的現代化；其二是擺脫政治意識的干擾。

教材要配合現代社會的需要，絕對不能與現代社會的需要背道而馳。事實上我們人文、社會教科書中卻還有許多與現代民主、開放觀念相反的教材存在。譬如國中「公民與道德」課本中說：「事君不忠，非孝也。卽對國家、對領袖要盡責、要効忠，否則就是不孝。」這種含混的「移孝作忠」的論點，在邏輯上是一個不相干的謬誤，此一觀念雖然被肯定了兩千年，但畢竟是個錯誤。它使得服從權威、接受宰制變成合理，對領導人鼓勵其專斷，對被領導人鼓勵其盲目効忠，完全不合現代民主的精神。三百年前的黃宗羲卽批評爲「欲以如父如天之空名，禁人之窺伺」，現在竟然還堂堂地在我們的公民教科書中出現，不能說不是個絕大的諷刺。

「天下一家」、「世界大同」的觀念在現代思潮中已被普遍接受，因而每一個民族、文化都應獲得相當的尊重。但在我們的歷史課本中，卻充斥著漢民族自傲、排他的沙文主義意識。在處理歷史上的中外關係時，依然遵循著春秋「內諸夏，外夷狄」的筆法，如「匈奴入寇」、「五胡亂華」、「振大漢天威」等等充滿敵我意識、價值判斷的詞語：強調外人漢化的成功，而忽略外來文化對中華文化的貢獻與影響。這種偏執、狹隘的民族主義觀點，亦應該及時摒除。

至於教材應努力擺脫政治意識的干擾，是另一重要的課題。例如孫中山與蔣中正先生對中華民國的建立與成長有絕對創造性與正面的貢獻，但他們都不是經學家或文學家，因此，在中學國文課本中多次選入二氏的文章，作爲範文，似有商榷之餘地。此外，中共曾經是「叛亂團體」，他們竊取大陸後的倒行逆施也確是罄竹難書，但四十年來，大陸行政區的改變卻不可否認是個客觀存在的事實。譬如他們將東九省重新併成三省；將察哈爾、綏遠、寧夏及興安諸省併成「內蒙古自治區」；西康裁省而併入西藏及四川；海南設省等，都不容我們不承認。另外中共將少數民族地區一些充滿漢族本位意識的地名恢復原名，如廸化更名爲烏魯木齊，歸綏更名爲呼和浩特，對調和民族衝突，昇華民族感情，是具有特殊意義的。這一點，我們不僅不應該排斥，反而應該廣爲應用才對。

對中共既可以政治實體視之，外蒙當然也無需另案處理，因爲客觀事實的存在，不容我們否認。自欺欺人，不僅有違事實之認定，而在學生品德教育上也會造成負面的影響。

我們人文、社會教科書上錯誤的觀點，是由於長期以來閉塞、禁制的環境所形成。現在，客觀環境有了變動，我們應該乘勢作一次大規模的調整。當然，爲了呼應這個開放、多元社會的需要，教科書也應該鼓勵民間從事編訂，政府只須盡一個輔導的角色便夠了。但由於法令尚未臻成熟，民間接手的能力還嫌不足，而教育又是一天都不能停擺的，所以，以現在既有的教科書爲底本，作一徹底的修訂是比較穩妥的辦法。我們期望新修訂的人文、社會教科書，爲配合現代社會的需要，能容納更多觀點，使其更爲活潑及多元，對於不合時宜的教材與觀點，要有割捨及調整的勇氣。

80・2・13

走出二二八的歷史陰影

四十四年來二二八事件從壓抑、隱晦、禁忌，到今日呈現全面解凍的契機，眞是一段漫長的道路。四十四年前，剛剛光復的臺灣，還來不及從浪漫的憧憬中覺醒，槍聲卻帶來了仇恨與屠殺，頓時使臺灣跌入了長達數十年的夢魘之中。不可諱言，這是光復以來最大的悲劇，也是政府最嚴重的失政。「前事不忘，後世之師」，對二二八事件，一方面希望朝野都能以寬容的心情走出愴痛的歷史陰影；一方面希望政府能以遺憾的態度，深入檢討，並應鼓勵重建歷史，汲取教訓。

從歷史悲劇中汲取經驗，獲得教訓，並不是一件簡單的事，首先便涉及態度與實際行動兩個層面：

就態度而言，坦然以對是唯一的選擇。許多人對自己犯下的嚴重錯誤，特別是釀成的悲劇，都有掩飾與規避的傾向。然而，歷史事件是無法裝聾啞的，二二八事件的爆發與演變，政府的責任是難免的。在以往，由於有禁忌，政府與某些人員的責任始終不曾清楚地界定，結果反倒有被人渲染擴大之虞，事件的實情也無法釐清，結果可能有被人片面認定之憾。解嚴以後，禁忌已難維持，二二八事件不僅成爲社會公開討論之題材，而且已變爲國內政爭的課題。

當局對這個悲劇的態度，無疑已有了相當良好的改變，不論是高階層研究小組的成立、高級官員之出席紀念禮拜，乃至在立法院院會中全體立委與行政主管都起立默悼，在在顯示出一種可喜的改變。

在行動方面，政府雖然有心消除歷史的傷痕，然而實際的行動卻仍嫌不足。我們認爲，化解歷史悲劇的首要工作應在於重建那段眞實的歷史，唯有在歷史的重建中才能獲致歷史的教訓、避免悲劇的重演。如何重建二二八的史實，應繫於兩項迫切的工作：其一是檔案資料的公開與彙編，其二是多元且深度的學術研究。近年來由於禁忌的解除，二二八的民間資料雖然逐漸出土，但關鍵性的官方檔案仍未公開。譬如當時事變經過的軍方資料，以及當年主其事人物的口述史料，都應可彌補一些歷史的斷層。檔案公開、資料彙編之後，尤其應獎勵公正、客觀、多元化的學術研究。唯有秉持良知與愛心的學者大量投入歷史重建的工作，才可避免各黨各派的各說各話，造成以政治立場曲解歷史的結果，才不致繼續陷入以歷史事件作爲政爭工具或籌碼的惡性循環之中。

其次，是在野黨人士所要求的建碑與賠償問題。關於建碑，目前在某些在野黨人士擔任地方首長的縣市中，已有建碑的行動。我們認爲，政府應拿出魄力，統一行動，在當年事變的重要地區建立象徵和平的紀念碑，以示紀念與警惕。碑上的文字，除了陳述事變的前因與經過外，同時亦應承認事變時確因政治不良而釀成此一悲劇。所以建碑的目的，一方面要消弭傷痕，揮去歷史的陰影；一方面也要昭示後人，認識政治的清明對社會的重要性。

當然，我們希望建碑的動機是單純的全民反省，不容帶進任何現實政治的是非。如果不幸加入現實政治的影子，徒然增添無謂的新傷痕而已，不可不愼。

至於賠償的要求，在原則上是合理的。然而二二八事件爲一相當複雜的事件，且時日久遠，加上事後有意的湮滅，卽使是死了多少人，統計起來都有困難。要做到全面補償，不僅力有未逮，恐怕也全無可能。政府現在能做的，應是以遺憾的心情爲死難者平反，或對無力生活之死難者家屬予以救助。

事實上二二八事件既是臺灣現代史上一場錯綜複雜、積累深重的歷史悲劇，絕非任何一方面道歉、賠償、平反等單一的舉措足以止痛療傷、撫平傷痕。所幸近年來朝野各界漸成共識，此種共識卽是歷史的傷口務必在歷史中平復，無論各行各業都應捐棄黨派立場；不論本省外省都應以寬恕代替仇恨、以包容代替歧視，共同將這塊土地上的人民凝聚起來。

在二二八事件屆滿四十四週年的今天，全省各地展開多處的紀念活動，多數爲宗教社團所主辦，活動中洋溢著虔敬、追悼的氣息，我們欣見我們的社會已從積怨、暴力的傾訴轉變成理性及具有高尙感情的表現。在此時刻，在臺灣，無論政府與民衆，無論外省與本省，都早已結成命運的共同體，在我們對歷史作一回顧的了解之後，我們應該更團結地爲我們共同的前程，努力奮鬥。

80・2・28

高中課程修訂的方向值得肯定

教育部高級中學教材總綱修訂小組最近完成高中課程修訂草案，內容規定：高一課程以選修代替分組，各校指導學生選修科目，應配合輔導工作的實施，以學生的能力、性向、志趣、專長作爲依據，以便因材施教，發揮選修的功能。選修科目則分爲語文、社會學科、數學、自然學科、體育、藝能及職業陶冶七類，每類分設若干科目，由學生在學年規定的選修學科節數範圍內，配合升學、就業的需要加以選習。

這個課程修訂草案有幾項特色：

一、高中課程中的選修科目增加。譬如在「社會學科類」的選修科目除歷史、地理之外尚有中國文化史、世界文化史、人文地理、經濟地理、社會科學導論、理則學、法學概論及其他；「體育類」的選修科目中有體育原理、田徑運動、水上運動、體操、舞蹈、球類運動、國術、自衛活動及其他。

二、選修的節數也相對增加。現行公布的條文規定高中選修科目自第二學年開始，而新的草案則規定自第一學年卽開始實施，第二學年及第三學年的選修節數也較舊規定增加不少，如原規定第二學年爲三至六節，新草案則定爲九至十一節。

三、各校得視實際情形增設新科目，只須將增設科目的名稱、時間支配、教材大綱、教學目標及實施方法等資料先報請主管教育行政機構核可卽可實施。

這個頗具特色的「草案」距離定案還有一段相當的路程，教育部將自本月十八日起，分四次在臺北師大、高雄師大、彰化師大舉辦修訂意見座談會，邀請學者專家、民意代表、教育人員、學生、家長等人提供意見。我們認爲在高中教學課程中，選修科目及選修時數的增加，必定使得高中教學邁向多元化發展，而容許各校自行開訂選修科目，尊重各校建立自主特性與風格，更對突破長久以來高中教育中的陳陳相因、權威宰制作出積極的貢獻，所以我們樂觀其成。

但這個草案也顯示了一些問題，我們分析於後：

一、教育部在對高中教學大量開放選修科目的同時，又以減輕學生課業負擔爲理由，將每週上課總時數減至三十五節以內，這個做法，就某一角度看來，已經形成了意義上的矛盾。我們要提出：增加高中選修科目的目的，不應放在減輕學生的課業負擔上，而是要尊重學生的個別差異，增加教學的多元性、活潑性，以及建立學校的獨立風格，配合現代社會的多元需要，如果把目標放在減輕學生課業負擔上，則這次改革的意義便顯得輕重倒置了。

二、選修、必修科目的決定仍須商榷。草案中最引起爭議的是將第二學年的歷史與地理由必修改作選修，然軍訓與三民主義卻因「政策原因」，依然穩固地置於必修之列，不作任何變動。當然，第二學年的歷史與地理內容是外國歷史與地理，這兩科改作選修，並不影響學生對國家歷史與地理的認識，但必須注意的是我們與國際社會的關係極爲密切，世界任何一個地區的變動，均足以造成牽一髮而動全身的影響，重視本國史地而忽略世界史地的作法是否明智，恐怕還須作更深入的評估與研究。至於三民主義與軍訓課程應如何定位的問題，實在應權衡全面價值，作重新的釐定，貿然以突破禁忌爲目標固然有其危險性，但故步自封而影響全局的改進也不是最好的辦法。

三、注意教材的選擇與師資的培養。在草案中，列舉了許多新穎而有見地的課程，譬如在「藝能類」的音樂部分，開設了音樂理論、合唱、國樂合奏、音樂欣賞、音樂個別指導、音樂基礎訓練、樂器合奏、音樂創作等科目；美術部門則開列了色彩學、素描、國畫、水彩、油畫、雕塑、美工設計等科。我們不知道這些科目的教材是什麼？而師資又從那裏來？草案中雖然說明：藝能類、職業陶冶類得使用職業學校有關科目教材施教，體育類得使用五年制體育專科學校有關科目教材施敎，但職業學校與五專的教材是否適合高中教學已是問題，何況有些科目，即使職業學校與五專目前也不見開設；而師資的缺乏，更是完全無法在短期克服，這些問題不能事先解決，羅列在表格上的選修課程與科目，將毫無實質上的意義。

我們對教育部試圖改革高中教育的信念與努力，深表贊同，我們也預期，在改革的理念下，百年樹人的工作，必定會爲我們未來的社會培育更爲優秀的人才，使我們國家與社會，充滿朝氣與希望。但教育的改革，不是幾句話、幾張表格就能做到，科目的擘畫、教材的編寫、師資的培養，必須預先做好，一點都不能蹈空或因陋就簡。所以我們希望，這次大量改革高中教學內容，重新設計教學科目的舉措，必須仔細地檢討、審愼地研究，寧願把實施的日期略微延後，也千萬不要潦草從事。

80・3・16

拓展文化視野、重建文化生機

——對「中華文化復興運動總會」的期許

中華文化復興運動總會，三月二十八日在臺北正式成立。這個淵源於二十三年以前成立的「中華文化復興運動委員會」的新組織，一方面表示將延續「文復會」以往的努力成果，一方面將以全新的命名及全新的精神，面對當前社會的處境，積極推行各項有時代意義的文化活動。其中包括促進倫理道德的重整，培養誠信勤儉的社會，並開創活潑的文化生機。

二十三年前先總統蔣公所發起的中華文化復興運動，其目的是在反制大陸推行的「文化大革命」，終極的意義雖然是文化的，但在運作上，不可諱言的是與反共的政治手段相結合。所以「文化復興運動」的企圖心也許很大，但具體的成果卻十分有限，何況，與政治牽連過深，當政治環境改變時，本身的價值認識也必然隨之改變。最後肇致目標模糊、精神渙散。「文復會」如果不重新組織、調整步伐、釐清目標，其工作將無以爲繼。

這是「文復會」不得不在名稱上改作「文化總會」的理由。不獨名稱改變，在組織上，「文化總會」採用民間社團法人的形式，有別於以往的官方機構，顯示主導臺灣社會的力源已由政府而轉爲民間，同時，由於兩岸政治對立形勢的改變，改制後的「文化總會」，將不再附會於政府政治運作的體系之中，非但如此，「文化總會」還可結合專家、學者，研究中華文化現代化的問題，尋繹出兩岸人民與社會能夠共同接受的觀點與原則，如此，一方面可以藉著共通的語言與信念來撫平以往對立仇視所造成的傷痕，一方面可藉由文化的共識拉近兩岸的心理差距，有利於未來的統一大業。

職是之故，我們對「文化總會」的成立，寄有厚望，充滿期許。我們希望「文化總會」能朝以下三個方向積極推展。

一、組織上，應該更向民間社會求發展。這一點，「文化總會」在開始的走向是正確的，但我們覺得在步驟上還是太過迂迴緩慢。文化是個複雜的有機體，它的生命基源於民間的生活，所以有人說，文化其實只是一羣人的生活方式而已；文化的生命來自社會與民間，它是活潑的、可變的，它一脫離社會與民間，便僵化而無生命力。一個由政府所領導的文化運動，至少在歷史上，還沒有見到眞正成功的例子。因此，「文化總會」在組織上採取民間法人的形式是有創意的，但當我們看到被列爲「參考名單」的人士都順利當選爲委員、諮議委員及顧問，其中除了李總統之外，還包括了相當數額的政界人士，當然也有相當數額的非政界人士，但那些工商界、學術界、宗教界的當選者，恐怕很難擺脫政界人士強勢領導的影響。我們擔心重新出發的「文化總會」將蹈以往「文復會」的覆轍。所以我們希望「文化總會」能把握住朝向民間社會發展的方向，盡力調整步伐，無須猶豫。

二、工作內容上，應注意文化的多元性，並肯定文化融合是文化發展的必然趨勢。「文化總會」的目標在復興文化，但復興文化不是專指恢復固有的文化，而是應該著眼於社會文化境界的提昇。我們今天所處的時代，已根本無法孤立於世界之外。世界各方的文化，尤其是西方的思潮與生活方式，正透過各種媒介進入我們的社會。長久下來，某些西方價值，已深契於我們的生活之中。因此，如果想要將這些外來的價值排除，根本無下手之處。從另一個角度看來，文化既然是無時不在變化的有機體，它融合外來的文化與文明，也就是它能夠生存延續的最大理由。「文化總會」當然應該在傳統文化遺產中找尋與整理材料，作爲導正世俗風氣的參考，但從外來文化中，選擇優良的素材，加以消化、融合，也應是「文化總會」未來的工作目標。所以「文化總會」在未來的工作上，應將注意力分一部分到外來文化的研究上。舉例而言，獎助及鼓勵世界重要著作的漢譯，便是一個很有意義的起點。

三、在觀點上，復興文化應以全中國爲著眼點，而非僅僅將目光放在解決目前臺灣社會的問題上。由於政治意識的禁制已逐漸被打開，四十年來，兩岸在隔絕對立及刻意製造下所形成的文化差異，已被目前的交流成果所消融，臺灣與大陸，在血緣與文化上，事實上是一個整體的。當然，提倡倫理道德，解決臺灣當下的社會問題，對未來解決整個中國問題會有所幫助，但如把目標僅放在處理臺灣問題而過分強調文化活動的功能性的話，這樣，一方面可能造成對文化價值的誤判；另一方面，當社會現象改變或消失之後，文化活動便失去了著力點，也就沒有再繼續推展的必要了。所以放寬視野，以整個中國爲文化復興運動的目標才是正確的。

這是我們對「文化總會」的盼望與期許。當然，文化工作不是一蹴可幾，氣質的改變與提昇，更不是一朝一夕便能立竿見影，所以必須先找尋出開闊而長遠的目標，然後一步一步具體而踏實地走去，方能有成。陶潛詩：「脂我名車，策我名驥，千里固遙，孰云不至？」只要有此共識，努力不懈，我們必能實現文化復興的最終理想。

80・3・30

中共對臺政策太缺少誠意

——評中共最近公布的幾種文件

最近，日本《讀賣新聞》獨家取得中共國家主席楊尚昆於去年十二月六日至十二日在北京召開的「全國對臺工作會議」上的講話。這件列爲「絕密」的中共中央文件的曝光，加上去年十二月三十日中共十三屆七中全會公報、今年二月九日中共國務院臺辦主任王兆國宣稱卽使臺灣終止動員戡亂，中共亦不承認臺灣爲政治實體；再加上今年三月廿五日中共國務院總理李鵬在七屆人大四次會議的工作報告，這些資料的綜合，可以明顯看出中共在臺灣卽將終止動員戡亂，並在「國家統一綱領」公布之後，中共對臺的整體工作方針與政策。

在對臺工作方針方面，中共決定：一、堅持和平統一、一國兩制，反對臺獨及「兩個中國」、「一中一臺」，並堅持不作不使用武力的承諾。二、以李登輝爲主要談判的對手，增加臺灣同胞的民族意識和凝聚力。三、大力發展兩岸關係，以經濟促政治、以民促官，引導兩岸交往向有利於祖國統一的方向發展。

在對臺工作的任務與政策方面，指出中共對國民黨的工作是以李登輝爲領導人的臺灣主流派及外省籍第二、第三代爲重點，對其他黨派及團體亦展開積極聯繫，支持統一派，而對從事自決、獨立活動者予以鬥爭打擊；繼續擴大兩岸交流，但不允許臺灣在交流過程中製造「兩個中國」或「一國兩府」的假象；積極吸收臺資，發展雙方經貿往來。但在國際上絕不允許臺灣以獨立政治實體出現，原則上採取「官嚴民寬」、「政嚴經貿寬」的方式。

綜上所述，中共對臺灣工作的藍圖大致已經畫成，但這張藍圖嚴格說起來是相當沒有前瞻性的，其中充滿了邏輯的矛盾與事實判斷的錯誤。在臺灣即將於五月間宣布終止動員戡亂時期，對中共政權將不再以叛亂團體看待的同時，中共對臺政策，依然延續長久以來的基調，並未作太大的調整，我們深以爲憾。

首先，中共直到目前依然不肯作出對臺放棄用武的承諾，與他堅持的「和平統一」的方針絕對是矛盾的。其理十分簡單：既然主張「和平統一」便不能使用武力，既不排除動武便不能算是和平統一，這是任何人都能了解的。中共曾再三對他的「動武」作解釋，說是中共對臺動武有兩個條件，一是外國勢力進入臺灣，二是臺灣宣布獨立。事實上看，外國勢力已不可能在未來進入臺灣，中共對臺用武，只剩下臺獨一個理由了。中共以武力威脅臺獨的發展，自有民族大義的支持，但中共在處理這個問題時，卻又犯了以偏概全的謬誤，原因是今天臺獨意識的形成，一部分的原因，是中共所造成的，中共在大陸毀棄傳統文化，政經窳敗、民生凋敝，都給臺獨論製造充分的理由。中共不從此處檢討，以謀求徹底解決，而動輒以武力威脅，其結果可能適得其反。

其次中共對臺政策強調擴大交流，但卻嚴禁任何「兩個中國」或「一中一臺」的情勢出現，再三宣稱嚴密阻止臺灣當局與「中國」有邦交的國家建交，或發展爲官方、半官方關係；同時也禁止臺灣以官方或半官方的名義參加國際組織。這種在國際社會趕盡殺絕的對象竟然是他們口口聲聲要和平統一的對象，說起來確實是個絕大的諷刺，中共經常批評在臺灣的中華民國政府打算發展國際關係爲不切實際，而在他自己處理臺灣問題時，卻更爲明顯地犯了不切實際的毛病，臺灣與大陸各擁有彼此不承屬的土地、人民和法律，它們各爲「獨立的實體」是個不可否認的客觀事實，任何一方忽略這個事實，都不可能建立正確而有開展性的兩岸政策。

最後，中共對臺工作不論是方針與政策，都過分強調了其中謀略或韜略的成分，對道德的價值明顯忽視，使得他們對臺工作，充滿了對敵人作戰的計謀，而缺少誠懇、自省的態度和要求。老實說，今天海峽兩岸的隔絕，並不純粹由偶然所造成，兩個社會被離心力導向不同的方向發展，中共本身至少要負一半的責任，但在中共領導者歷次發表的指示和聲明中，我們看不出中共有任何自省式的語言，而全篇充滿的是對對方的指責與不信任，譬如「官嚴民寬」、「政嚴經貿寬」這類語句，充斥著掠奪的、刻薄的、落人於陷阱的負面含意，中共對臺灣的聲明，缺少或者完全沒有同情、包容、愛護的語氣與內容，這對中共積極推動的和平統一，老實說是傷害而不是幫助。

今天的臺灣社會，已經進入民主而多元的時代，統一必須取決於人民的共識，而非僅僅由一黨或政府所能主導。中共如要促進兩岸統一大業早日完成，應該捨棄其僵化的、偏執的、敵意的對臺觀念，而應代之以活潑的、周全的、善意的言行。臺灣參加國際社會無須全面封殺，甚至臺灣以中華民國名義發展國際關係，中共應鼓勵和支持才對。只要雙方承認、接受未來統一的原則，兩岸在國際社會的具體成就，其實是整體中國人的成就，中共應具有此種精神與雅量，則未來的統一，應該是坦途多於險途的。

80・4・22

海基會大陸之行仍具有相當政治意義

海基會於本月四日結束了七天的跨海拜訪行程，此次大陸行雖然定位在「禮貌性拜訪」及「解決技術性問題」上，但在整個過程中，卻無可諱言地呈現了高度的政治意義。

首先，這是兩岸在隔絕了四十二年之後首度的「準官方接觸」，中共雖然起初嫌臺灣方面伸手還戴著「白手套」，但不久終於明白這個謹慎的接觸方式對雙方都有益，而表現出可以接受的態度。其次，海基會此次大陸旅程中，恰巧遇上李登輝總統在臺北宣布中華民國自五月一日起廢除憲法動員戡亂時期臨時條款，隨著臨時條款的廢除，中共定位的問題也隨之改變，中華民國政府已決定視中共爲一事實存在的政治實體。這項改變，扭轉了長久以來視中共爲「叛亂團體」的事實，而賦予中共一個較具尊嚴的名稱及地位；中共也許不太以爲意，但臺灣的善意表示至少已形成相當的壓力，中共無法不改變態度。這項改變，可以從他們對海基會訪問團漸趨熱絡的接待方式及發表的談話看出來。

總之，這次海基會初訪大陸，其成績正如該會秘書長陳長文所說：「可以更好，但已經不錯了。」海基會在大陸，適當而準確地表現了我政府與人民對中國統一問題的看法。這項看法，儘管有某種程度的歧異性，但無論正反一方，都不能容忍統一在威脅與仇恨下完成，兩岸即使打算統一，也必須採取漸進溫和的方式。因此現階段兩岸要立即解決的，不是統一這個終極性的目標，而是橫亙在兩岸的許多「現實性」的一般問題。我們很覺滿意的是，海基會訪問團在這次拜訪中所持的這個看法向對方表現得相當清楚，至於對方反應如何，當然還需要一段時間的觀察。其次，海基會在大陸，已經建立了一些基本的溝通管道。未來有關兩岸現實問題，諸如：文書驗證、司法協助、海盜取締、走私及大陸民衆非法進入臺灣的遏阻，將可望在暢順的溝通之下順利解決；所以，我們對海基會的這次大陸之行，在過程與效果上，都予以肯定。

反觀中共在接待海基會的表現上，固然顯示了不少「善意」，但具體而言，中共對外的資訊與判斷力仍嫌缺乏。其政策依然無法擺脫其長久以來僵化的老路，這一點，我們深以爲憾。舉例而言，中共對海基會自始至終都欠缺了解。起初以爲它是一個「民間團體」而不願予以正視，後來知道海基會獲得政府授權，可以和大陸主管部門在技術問題上進行準官方的談判後，又誤以爲海基會足以影響政策，急著大談「三通」及統一的論調。

其實這些政策性與目標性的問題，並不是海基會可以解決的，中共在這方面認識不清，使得他後來所顯示的一些善意，也變得有點不切實際。

其次，中共在統一問題上所展現出來的視角依然顯得狹隘，而變通性不足。在海基會秘書長陳長文與中共國臺辦主任王兆國及國務院副總理吳學謙的兩次會談中，我們確實可以看出其親善的一面。王兆國對記者發言說：「大陸與臺灣都是中國的一部分」，令人覺得中共有放棄其一向卑視臺灣爲地方政府的傾向，但在第二天《人民日報》引述文字中，這句話又被改爲「臺灣是中國的一部分」的老調。可見中共的政策，仍然十分僵化。中共無論如何親善，但迄今仍不放棄以武力犯臺。雖然他們強調動武是針對「臺獨」及「外國勢力」，但這與去年亞運期間楊尚昆接見本報記者專訪時的發言如出一轍，沒有絲毫的新意，他們依然在反對「兩個中國」、「一中一臺」的口號下，禁絕臺灣的對外關係，不允許中華民國在國際上獲得任何生存的空間，同時，他們堅持兩岸在統一談判時採兩黨對談方式，而根本否認中華民國的客觀事實存在。

這些爭議性的問題，並不是海基會能夠解決的，所以和海基會的成員談這些事是不當的，但中共如果不能在臺灣問題上，徹底改變其宗主者的霸權式心態，對兩岸解決事務性的問題，也是充滿妨礙的。因此，我政府在考慮對大陸政權交手的過程中，不得不堅持安全、對等、互惠、交流的原則。臺灣不能接受威脅式的統一，所以對中共的不放棄武力難以釋懷。中共要消除在臺灣中國人的這項疑慮，最好公開宣布不以武力犯臺。

其次，兩岸如果要展開統一談判，必須肯定並尊重對方的客觀存在，爲對方安排一個與自己大小相同、高矮相等的位置。否則統一不是光榮而是屈辱。我們不能要求任何一方在屈辱的條件下接受統一的事實。當然，因爲只有安全才能產生眞正的互惠，只有對等方能產生善意的交流。這一點，中共應該深切地明瞭。

當然，海基會的目標在處理當下而現實性的兩岸事務。我們認爲，事務性的問題都解決以後，對長遠的統一目標必然產生水到渠成的功用。我們期望，兩岸今後應該展現更大的誠意與善意。最起碼，應該珍惜海基會在大陸初期的「技術性」的成就。因爲在這項成就中，包含了一些相互的了解與尊重，這也是兩岸以往在對立的情況下所獨缺的。

80・5・6

中共何能忽視臺灣政治實體的存在

中共政協常務副主席、臺灣研究會會長程思遠日前以強硬的語氣否定了中華民國在國際社會的存在，同時也否定了臺灣與大陸同時具有對等政治實體的地位。

這篇題目爲〈國民黨應把握時機，促進兩岸和平統一〉的文章，是繼五月卅日大陸「民革」（國民黨革命委員會）主席朱學範發表評論臺灣終止動員戡亂時期的文章之後的又一篇。程思遠在文中首先指出李登輝先生於四月卅日宣布終止長達四十三年的動員戡亂時期，是一項明智之舉。國民黨當局聲稱堅持一個中國固爲大陸所歡迎，但臺灣推出的國家統一綱領把兩岸關係定位爲對等的政治實體，卻是非常不現實，有違國際法的原則。

程思遠雖然是中共全國政治協商會議的副主席，而這篇文章卻以「臺灣研究會」會長的身分發表，但從全文語氣的堅定強硬，絲毫沒有「協商」討論的餘地看來，這篇文章反映的不只是程思遠的個人觀點，而是中共官方在臺灣終止動員戡亂時期之後，對臺灣地位的總定論。由這個定論可以看出中共對臺政策仍然是堅決否定臺灣的政治地位，不擇手段地封殺所有臺灣在國際社會中的生存空間，以逼使臺灣在內外交迫的情況下，與中共走向談判桌，完成投降式的統一。此一底線，在中共而言，實看不出有任何轉圜的餘地。

最近中共在國際社會上對我的步步進逼的行動，顯示出他們早已預設了政策。譬如臺灣打算以地區名義加入GATT，卻爲中共斷然否決；臺灣以不帶國家標誌的航空公司開拓純商業的國際航線，中共亦想盡辦法加以阻止、破壞；最近我方組織東歐經貿訪問團訪問東歐諸國，中共則處處掣肘，妨礙我訪問團的行動，最後竟然對蘇聯施壓，臨時取消我方官員的入境簽證，使我們一個以發展地區經貿爲主的訪問團處處碰壁。中共的居心與手段，使我們期待他的「善意」變得幼稚而不切實際。

由程思遠的文章與中共在國際社會的種種舉措看來，我國政府宣布終止動員戡亂時期、發布國統綱領，試圖以積極的行動消除長久以來的隔閡，未來的發展實令人不敢樂觀。卽使以一個談判的對手而言，中共竟沒有給臺灣一點禮貌上的尊重；對分裂中的國家而言，中共曾經同時承認東、西德的存在，並且與他們維持大使級的關係，最近更放出消息，中共願協助南、北韓同時加入聯合國，並表示交叉承認並非不可行。中共對分裂國家的態度，如此顧及現實，何獨對臺灣卻極盡抵制與封殺之能事？揆諸人類歷史，恐怕很難找到相同的例證。

現在的政治現實是明顯的臺、澎、金馬確實存在，而且存在於中共統治權之外，統治臺、澎、金馬的是中華民國政府，這個政府在國際社會獲得的承認也許不算多，但中華民國政府確實是一個主權獨立而存在的政治實體。中共要求臺灣談判兩岸未來統一的問題，必須承認談判對手的客觀存在事實，必須給予對方一個平等的談判位置。否則，統一只是個虛幻的夢想，而談判則成了一場獨腳演出的鬧劇。

揆諸歷史，由中共對付「自家人」的慣例看來，期望中共認清上述的現實是不可能的。中共目前對臺灣的整體態度，是完全不視臺灣有任何生存的權利，他們所指的統一是臺灣不提任何條件地實施「一國兩制」。這個統一，對臺灣的兩千萬居民是個絕大的屈辱，沒有人願意接納，中共應該非常明白。

中共此時亮出了他對臺政策的底牌，對在臺灣的中國人而言，確實有失望、沮喪之感。臺灣的民衆，近兩年來對大陸表示了太多的熱情及憧憬。這一點，即使中華民國政府亦不例外，國統綱領中期待中共善意的回應便是例子。中共此時的表白，從某個角度看來，可能有其正面的功能，也就是使在臺灣的政府與人民不再對中共政權作過多不切實際的幻想，而可能重新擬定較實在而可行性較高的大陸政策。

臺灣土地面積雖小，人口雖少，但與大陸相較，並不完全處在絕對的劣勢之下。臺灣的政治較大陸民主，經濟較大陸繁榮，文化的生態比大陸蓬勃有生氣。臺灣在未來兩岸統一的過程中，手上掌握的籌碼不少，勢必扮演一個活力四溢且有積極貢獻的角色，而絕不是舉白旗的投降者。中共如能對此有所認識，兩岸的交流方能順利的開展；如果一味以中央政府對地方政府的姿態來看待臺灣，非僅統一遠不可期，甚至雙方的交往亦會因之而倒退。願中共主政者三思。

80·6·3

走出凶殘陰影　建立祥和社會

最近發生一起駭人聽聞的逆子弒殺雙親並試圖棄屍滅跡事件。疑兇張秉源因反對父母變賣房屋以便赴大陸定居而發生爭吵，八日上午在中和市興南路家中，憤而持菜刀連砍母親七刀，接著勒死上前制止的父親，隨後又勒斃哀號中的母親；次日凌晨，兇嫌將雙屍裝箱放置汽車後行李箱，棄屍臺北市建國北路停車場後逃逸。

這個事件之令人震驚，一方面是兇嫌同時對雙親行兇，刀砍之不足，又加以手勒，手段之凶殘，心性之狠毒，曠世所罕見。兇嫌之於父母，非但不視爲父母，而視之如不共戴天之寇讎；另一方面則是兇嫌行凶後，仍然按時上班作息，如同從未發生任何事一般，兇嫌的從容鎮定、視如無事，亦令人無法依常理解釋。

如果將這件事看成社會上偶發的個案，則未免太過淡然視之。我們社會上逆倫弒親的事雖然發生得少，但並不表示我們社會在倫理規範與道德價值上沒有出問題。事實上，隨著近年來社會的急遽變化，我們社會正步入相當嚴重的不安時代，在這個不安的時代中，傳統的道德價值崩潰了，但新的價值體系並沒有建立成功，人們陷入頓失所依的徬徨之中，進退失據，不知所措。

中國人傳統的道德秩序是建築在個人與家庭的倫理關係之上，小者修身，大者治國、平天下，皆以齊家爲樞紐。既然以齊家爲樞紐，則家庭秩序便是社會秩序的基礎，父慈子孝也成了所有道德的「原型」。父母在獲得子女絕對的孝順之前，必須具有莊嚴、可敬的道德形象，所以在傳統社會，「天下無不是之父母」爲被普遍接受的眞理。但在社會擺脫安土重遷的農業形態而進入激烈競爭的工商業形態之後，首先被破壞的便是傳統的家庭形態，離散的成員與獨立的經濟，使得父母失去長期所具有的權威，而與其脫離乳抱及撫養的子女，形成一種迥異於往昔的關係。這種關係更近乎因需要而聯結成的朋友，充滿了相對性，原始父子之間絕對的關係因而動搖、破壞。弒殺父母當然爲法理所不容，但在父子的關係大異於傳統的今日，父子之間的對立、抗衡、衝突以至相視如寇讎的事件勢將逐漸普遍，這是社會應正視的問題。

失去偶像地位的父母，到底應該以何種面目及心態與子女相處，而增加了獨立與自主性的子女，應該以何種態度接納父母並與父母共處，是建立新的倫理價值極須考慮的內容。

兇嫌在案發後所表現的從容鎮定，視若無事，確實令人匪夷所思；不要説父母爲親手所殺，卽使聽聞有人慘死，亦不應該毫不動容，這種心理活動稱之爲惻隱之心也好，稱之同情心也好，爲普遍人之所共有。古人謂「人之異於禽獸者幾希」，這點同情心與悲憫心便是人之所以異於禽獸的「幾希」成分，但這個成分我們在兇嫌身上看不到。不僅如此，所有溫情的、慈悲的、憐憫的行爲已爲我們社會習尚所摒棄，使得我們社會逐漸步入喪失同情的冷酷情境之中。

這跟傳統道德價值的崩潰有關，但這並不是必然的；工商社會的爾虞我詐，政客操縱的政治社會充滿了虛假的善意，經濟社會充滿了賭博式的金錢遊戲，這些都使得社會風氣朝向惡質化發展，在權力與利益的爭奪下，溫情與悲憫成了被嘲諷的對象。文學與藝術充分反映了這種社會習俗，尤其是受社會普遍歡迎的電影、電視等媒體，更對這種風氣助紂爲虐地大力推展，流行的審美標準是以凶殘爲勇敢，以冷酷爲俊美，好萊塢推銷的是以席維斯・史特龍與阿諾・史瓦辛格等集凶殘與冷酷於一身的明星，以及他們所演出的充滿暴力與血腥的故事，主角視血肉橫飛爲無物，而觀衆則以主角的行事自擬，逐漸將「冷血」演化成自己的性格。

這是爲什麼我們社會充滿了被形容爲「酷」的偶像人物，而這羣冷酷的人物與故事，又塑造了一種扭曲人性的審美標準，最後這個標準把人心中已所剩無幾的同情與悲憫趕得無影無蹤。兇嫌以極其凶殘的方式殺死了他的父母親，然後繼續著他日常的作息，他可能以為自己正扮演著一個硬心腸的英雄角色，他對別人的生命不珍惜，對自己的生命也不珍惜，不知從什麼時候起，這種對生命的態度已經成為都市叢林中的生命基調。

弒殺直系血親，刑法定為唯一死刑，法律不可謂不嚴，但如此嚴苛的法條，並沒有辦法阻止悲劇的發生。可見徒法不足以自行。要走出凶殘陰影，建立祥和社會，倫理道德及價值體系須要重新檢討、釐清，這已是社會的共識，但多年以來，眞正著力者甚少，社會應該運用較多的力量於此；而排除畸形的審美意識，建立根源於人性的、合乎人道理想的審美標準，更是當務之急。目前我們不但要去殘止殺，而且更應該培養同情、悲憫之心，因為這不只是合乎人性的審美原則，也是一切道德價值的基素。

80·7·14

徹底掃除教育界的害羣之馬

根據報導，教育部長毛高文在宣布徹查中小學校長收「紅包」、「回扣」一事以來，該部目前已掌握了六十四件案子，經過濾查證，有七件中小學校長涉嫌貪瀆的案子，舉證具體，日內將移送司法調查單位處理。

涉嫌的案件包括教科書採購、福利社出售的文具和體育用品、工程建築、財務採購，以及教師聘任收賄等，都是校園存在已久的弊病。長期以來教育主管對於這些弊病，或無意蒐證，或因循苟且，或投鼠忌器，從來未曾下過決心要大力整頓，使得時下的校園文化充滿功利色彩，缺乏理想價值，而且教學與實踐，往往形成兩種歧異甚且相對的理論體系，教師施教、學生學習是一套，而實際生活又是一套。教育與生活嚴重的脫節，使得道德衝突、價值錯亂，連帶受害的是整體社會。

現在教育部終於採取具體行動來阻止這個腐蝕教育生機的疾病繼續蔓延，毛部長勢必負擔極大的壓力與風險，但我們以爲這項措施會獲得大多數民衆的支持，毛部長及教育部大可依法來執行這項校園掃黑的行動，並且應該貫徹到底。

四十年來，臺灣地區的教育不能說沒有成就，教育的普及化，使得原本昂貴的知識變得低廉，人人具有基本的知識，無形打破社會上長存的階級觀念，而使得社會更平等、更容易步入民主的境界。人人具有基本的知識，也使得法治更易普及、科學更易發展，對臺灣的經濟起飛提供了最大的貢獻。但四十年來，臺灣地區的教育，仍然具有相當嚴重的缺憾。

其中一個關鍵是，行政體系不論組織與權力都過分龐大，將教育變成官僚體系的一部分，如此一來，行政不但沒有支援教學，反而形成教學活動的妨礙與負擔。這一點，可以由校長的來源與權力看出來。校長爲官派，基本上，校長可以不須具有教學的經驗，在中小學校長所規定的任用資格上，重視的是其官職的經歷而非教學的經歷；而校長的權限也過大，校長不但具有人事任用權，也具有學校財政預算、度支的最大權力，能夠監督的地方教育廳局及各級督學，也多爲其官僚體系中的熟知故友，所以品行端正的自可本其良心辦學，而品格有虧的一二如利用職權收受賄賂亦大有可能；最嚴重的是這個龐大的行政權力，造成校園的腐化，形成教育資產的浪費，而且阻礙了教育的正常發展。

其次，整個教育的朝向，在受到社會風氣強力的影響之下，比較偏向技術化、功利化發展，而嚴重忽略了教育的理想性與道德性的目標。當然，影響這個問題還有其他的因素，諸如聯考制度、能力分班、教材及教學過程過分重視精英天才的培植，而忽視了大多數受教者的才幹與人格；在這樣的教育下，知識是提高了，精英分子也增多了，但道德意識則普遍低落，這使得社會充滿鬥智角勇的人士，但整體而言，構成了個組織渙散，公德敗壞而缺乏凝聚力的社會。

以上兩點似乎各不相關，而其實是互相緊扣的，一是教育的制度，一是教育的內容：簡窳的教育制度，當然有簡窳的教育內容，敗壞的行政體系，也使得道德教育低沉崩毀。舉例而言，一個收受賄賂的校長，足以使全校教師寒心，足以使全校學生對理想與價值產生懷疑，其影響的深遠巨大，不待細言。

所以，我們支持教育部對校園貪瀆案件能夠排除以往的鄉愿心態，不顧情面，依法處理。也許有人會認爲，這個事件將使得全國民衆降低對教育的信心，使得學校師生受到衝擊，無心教學與學習，更使得公忠體職，有爲有守的大多數學校主管因而士氣不振。我們卻不持這樣的看法。我們知道，臺灣地區從事教育的人士逾二十萬之衆，中小學校長有三千二百餘人，涉案的七位校長，僅是極少數中的少數，他們個人的錯誤行爲，當然無法抹煞全體二十餘萬人終年孜孜矻矻地爲教育努力的成績；而極少數的害羣之馬如果不能糾舉出來依法處理，對絕大多數的校長與教育從業人員也是不公平的，他們將終日埋在陰影之下，受社會人士的指點而無申冤的機會。因此，我們不但支持教育部的這個行動，並且期望全體教育從業人員及全體社會，以正面的角度來看待這一件事。

當然，為校園掃除幾椿醜聞，可能新聞性與象徵意義較強，對改變我們目前的教育環境，並沒有太大的作用，我們希望教育當局在顯示改革的決心之後，積極地從改進教育體制及充實教育內容入手，調整學校結構，適度縮小行政組織與行政權力，確立校長的任用資格及任期制度，加強對校長的監督與考核，是必須要做的事，這些限制其目的在使教育行政的重點放在支援教學上面，對整體教育是貢獻而非破壞；在教育的內容上，注重法治與道德的教學，盡量降低教育上的技術與功利色彩，使得教育不但在提高國人的知識，而極終目標則是為社會培植術德兼修，具有開闊心胸、遠大見識及理想性的人物；這些是我們教育主管更應努力的事情。

80・7・16

博施濟衆、移風易俗的典範

——賀證嚴法師獲麥格塞塞獎

慈濟功德會負責人證嚴法師，因爲對社會服務的卓越貢獻，十六日被宣佈獲頒一九九一年的麥格塞塞獎。

這個有「亞洲諾貝爾獎」之譽的獎金頒贈單位指出，現年五十四歲的證嚴法師，「喚醒了臺灣現代社會對古代佛敎敎義所蘊含的同情與施捨心的再認識」。頒獎單位在另一項聲明中說，證嚴在削髮爲尼之後，於一九六六年與其他五位女士共同創辦了「慈濟功德會」，該會於一九八六年以募款所得創造了慈濟佛敎綜合醫院。功德會的慈善工作是濟貧、濟病、濟急。二十五年來，會衆由原來的三十人發展成目前的一百餘萬人，隨著會衆成長，大批善款湧到，據統計，到今年六月，該會累計善款發放近臺幣十五億元，濟助貧民、就醫、就學者超過六十萬人。

領導慈濟功德會的證嚴法師獲此殊榮，無疑是她長年捨己的努力再獲高貴的肯定，對其他服務社會的人士也會產生鼓勵作用。不僅於此，這個獎對陷入道德價值逐漸崩解下的今日臺灣社會，將會帶來重新凝聚的希望與力量，爲臺灣社會千瘡百孔的國際形象，也會帶來一些彌補的作用。臺灣應該有機會重新出發，以自我的道德重建來樹立自己的信心，並集合衆力，重塑一個嶄新的國際形象。

臺灣的社會道德確實處在崩解的陰影之下，社會治安敗壞，搶竊、殺人案逐漸增多，上週，竟然發生弒殺雙親的嚴重刑案，而整體社會的趨向，彷彿全是朝著崇尚倖得利益、排斥精勤努力的方向發展。臺灣唯一值得自傲的是近年的經濟起飛，國民所得提高，但隨之而來的是萎靡墮落的風氣和貪婪、爭奪的賭場文化。臺灣的國際形象更壞得可以，在政治孤立、亟須外交的狀況下，臺灣給國際社會的招貼竟然幾乎全是負面的。上月美國緝獲有史以來最大走私毒品案件，毒品價值高達美金三十億元，涉嫌的全是來自臺灣的中國人；在南太平洋以極不人道的流刺網捕魚而被國際社會譴責的是來自臺灣的漁民；在南部非洲操縱盜獵早已禁獵的犀角與象牙的是來自臺灣的商人；臺灣的輸出物，不是低廉粗糙的次級品便是仿冒品。住在臺灣的中國人，處在實質的惡劣空氣與別人異色的眼光之下，無法不喪失自信，認爲臺灣是個即將全面崩潰的不安全社會。

但臺灣社會卻能夠相當安然地渡過令別人驚訝的危機，這是因爲內部有一種穩定的力量在支撐著的緣故。這個能夠化險爲夷的力量，來自許多沈默而堅定不移的民衆，證嚴法師所領導的「慈濟功德會」便是一個顯著的例子。證嚴相信大善是由小善累積而成，所以功德會的會員默默無言，一切從自身的小善開始作起。古人說：「勿以善小而不爲」，沈默衆人的小錢、小善積成了令國際人士欽羨的大功偉業，而這麼多人在堅持理想、堅守道德中耕耘努力，終於使臺灣這塊逐漸惡質化的土地，又慢慢恢復其承載的力量。證嚴的辛勤成就，使得臺灣社會重拾喪失已久的信心。證嚴之獲獎，使得臺灣在國際社會換回了一面充滿理想色彩的體面招牌。

而證嚴的貢獻尚不僅此一端而已。證嚴爲一佛教的比丘尼，佛教在中國的發展，千餘年來始終在出世、入世，以及自了、渡人的思考內容上打轉。一個出家人，究竟應該追求的是自我的超脫輪迴，或者是捨己爲人、尋聲救苦責任的完成？中國佛教的發展，長久以來在這層意義上顯示了相當的矛盾；大德高僧往往以戒律森嚴、出世避俗爲極致，而迴向衆生的僧侶，則因隨俗而道行淺顯，有時爲了實踐其濟世渡人之功，而不惜將佛教世俗化，使佛教充滿天堂、地獄等的迷信色彩，以及善賞惡報極爲現實功利的果報理論。佛教是否能在這兩極化的發展中找到一個平衡點？佛教應如何在出世的修善中不忘入世，如何在入世之後也能擺脫其被人詬病的迷信色彩，證嚴的修持及言行，提供了一個很好的解釋。

證嚴堅持三個原則，一不趕經懺，二不作法會，三不化緣，她入世從事濟世活人的事業，但絕不把佛教帶入任何可能導致迷信的形式之中。她個人是受戒的尼師，而她宣道中屢屢告誡衆人在拜佛之前應先拜家中的兩尊老菩薩，那兩尊菩薩卽是父母；她要求衆人捐獻救助遭困的衆人，但每人應量力而爲，絕不可使家中的奉養中斷。這些言行，使得這位出身佛家的尼師更像一位博施濟衆、反身而誠的典型儒家；她具有別人所沒有的大智慧，能夠爲佛教開展出一個導正風俗的新天地，她具有別人所沒有的大悲心，能夠將佛教的無私無我精義發展在服務犧牲的社會事業之中，她雖然是一位身體相當孱弱的尼師，但在她身上確實顯現了近代中國佛教龍相之所在。

我們祝賀證嚴法師獲獎。我們期望當今佛教有更多具有龍相人物的出現，我們也期望社會各階層的人以證嚴爲師法，默默耕耘、服務人羣、掃除暴戾、貪嗔，使我們的世界逐漸朝向更清淨、明潔而健康的境界邁進。

80・7・18

我們應幫助大陸做好水災復建工作

大陸華東地區發生百年以來最大的水患之後，臺灣社會本著血濃於水的同胞愛，努力捐輸。政府因顧慮大陸問題的敏感性而有意降低姿態，撥款一百萬美元救災，而民間捐款，三週以來由紅十字會滙集的款項已達臺幣一億七千餘萬元，數額還在持續增加中。首批救災藥品五百二十五箱已於七月二十五日經空運運抵上海，隨卽以陸路運至安徽災區，第二批藥品六百三十七箱則於二十七日由華航免費運到香港，然後再由大陸中國民航接力運往上海，轉送災區。至於由紅十字會統一購買裝袋的食米、麵粉等救災糧食，則因爲體積龐大，決定由海運輸送。

這次水災，受害最重的是淮河流域及長江下游諸省，災民達一億以上。現在水勢雖退，但正値溽暑，災區勢必變成疾病叢生的疫區，大陸須動用全國的力量進行災後的重建，尤其應集中力量阻止疾病的蔓延。世界各地區的人民，應該本著人溺己溺的精神，伸出救援之手，防止災害的擴大。而大陸社會，尤其是中共政府應放下平時常擺的身段，以眞誠及坦蕩的心，勇敢地接受各國及各地人民的救助。這次大陸紅十字會接納臺灣紅十字會捐贈救災物品時，雙方均不表任何姿態，完全以務實的態度來處理救災的事務，於大陸方面而言，確屬難得，這是值得令人欣喜的溝通模式。

人類的科技日新月異，但這類毀滅性的天災還是無法避免。所以中國人罹此災難，只能說是中國人的不幸；但一場水患，使得禍延數省，災黎上億，如不採炸閘洩洪，上海千餘萬人口亦將淪爲波臣，可見這次水災爲禍之烈。而不僅如此，湖南、四川亦傳出災情，最近更傳出東北大興安嶺地區也因豪雨成災，受害面積達百年來所僅見，足證這次中國人的不幸，並非完全是不可期的天意，而長期以來人爲的錯誤，使這次的災害成爲必然。

大陸在毛澤東統治期間，因爲錯誤的人口政策而使中國的人口暴增，截至目前爲止，大陸的人口已超過十一億，中國的土地雖廣，而基本上是不夠富庶的。讓如此衆多的人口生長在如此不富裕的土地上，只有動用原始與天爭地的野蠻方式才足以維持生存。一九四九年中共「建國」後，賴以調節長江水位的洞庭湖與鄱陽湖不斷縮小面積，洞庭湖被開發出來的土地，已將該湖的面積變成原來的五分之三；鄱陽湖亦是如此，濫墾的農地根本不重水土保持，致使原來的魚米之鄉成爲浩瀚的災區。對水土保持極有作用的森林，也在「大躍進」、

「土法煉鋼」等逞意氣的政策下被砍伐殆盡。據世界學術機構的統計，四九年前長江流域的森林覆蓋率尚達百分之十二，四九年之後，該地區的森林覆蓋率已不及百分之五。這次連續的豪雨，使得江淮地區成爲萬頃澤國，中共以往錯誤的政策，絕對不能辭其咎。

中共在這次天災結束之後，應該徹底檢討其國土規劃、環境保護及人口政策等基本性的問題；天災雖不可避免，但人畢竟應有能力將天災的禍害降到最低點。這包括災前的預防及災後的救濟。中共在災前的預防上，老實說是做得十分潦草而隨便的；在災後的救濟上，則又顯得慢條斯理而有些漫不經心。大陸的傳播媒體包括報紙及廣播、電視，對這次百年來的浩劫並沒有太多站在災民立場的報導，最多報導的反而是官員巡視災區及「解放軍」義勇救災等鏡頭，使得災區之外的人民，根本不知道有如此大的災害，至於國外媒體競相傳播的新聞，完全不是由大陸傳播界所提供。大陸新聞界及政府，依然有報喜不報憂的習慣，這個習氣，使得災情傳播緩慢或者不實，必然影響救災的成效。

臺灣這次救災行動，大體而言做得尚好，但從整體看，似乎缺少積極的熱情，這當然與臺灣所處的環境及立場有關，不能苛責。這次大陸罹此巨災，臺灣社會除了發揮同胞愛努力捐輸之外，似乎也應該檢討對大陸的經濟政策，是否僅利於己而讓大陸大地受到更大的污染，使錦繡河山在中共四十年錯誤政策下再受打擊而陷入萬刼不復的境界？這是一個相當嚴肅的課題，值得雙方深思。

近十年，大陸採開放政策之後，湧進的外資或臺商，大多覬覦於大陸低廉的勞力及可以容納污染的空間。政府對臺商投資大陸，也作了明確的「指示」，以致使大陸到處充斥著低成本、密集勞力的「夕陽工業」，對大陸環境的破壞，形成更大的催化作用。

環境一經破壞，要恢復舊觀便十分困難。以這次水災爲例，復建工作必須延續十年以上。而謀徹底解決，要使長江流域的森林覆蓋率變成百分之十二以上，要使洞庭湖、鄱陽湖的面積回歸原始已斷無可能；而大地的資源有限，不容揮霍，一地環境被破壞了，受害的不僅是該地人，其他地區的人也一併受害。

由這次臺灣展開的救災行動，以及大陸善意地配合看來，兩岸雖然政治上尚存歧見，但民間的感情及社會依存關係，已邁入一個新的境界。中國人不論在臺灣或在大陸，甚至全世界的人類，愈來愈覺得是一個不可分的個體，大陸的環境品質，不僅是大陸人要注意，同樣臺灣的中國人也不能忽視。今天兩岸的中國人不僅要合力救助災黎渡過難關，還要放眼未來，幫助大陸做好復建的大工程。因爲使這片土地更爲美好，應是兩岸人民共同的責任。

80 · 7 · 28

廢除聯考制度方可建立多元教育體制

教育部長毛高文日前表示，教育部一直朝向廢除高中聯考、大學聯考的方向努力。按教育部的計畫，高中聯考將在八十六學年度廢除；另在五年之內可望提出一套大學聯考的替代方案，如果不需要準備與實驗階段，也可能在八十五學年度廢除大學聯考。

聯考制度在臺灣地區已存在了近四十年。長久以來，這個制度對臺灣社會的進步提供了相當的貢獻。但一個制度行之過久，必然會顯露某些無法避免的敗象。所以適時調整，加以改進，是絕對必要的。因此我們支持教育部對聯考制度的檢討、改革計畫。

聯考制度最令人稱道的是它的公平性。當臺灣社會正置身在貧窮的階段時，受教育，尤其是受高等教育是一般人所稱羨的大事，但也最容易被特權及富有階級所把持。聯考制度及低廉的學費政策，使得有心向學而家道不富裕的莘莘學子有機會接受高等教育。最後，他們能貢獻所學，回饋社會。公平的聯考，不但使大多數貧困的學生受惠，而且也嘉惠於整體社會，其貢獻不容抹煞。另外，在過去國勢板蕩而危機四伏的時代，整個教育的基本精神是強調共同性與整體性，聯考便是此一精神下的產物。這種教育的優點是有助於統一意志，團結力量。數十年來，臺灣遭遇不少極難突破的困局，但都能以智慧及勇氣接受挑戰，終於化險爲夷，多少受到民衆所具有的共同理念、整體精神的有力影響。所以聯考制度在臺灣社會的發展歷史上，確實發揮過積極的作用。

但時代畢竟改變了。社會已經渡過了以往的險巇不安，而朝向更多元、更複雜但基本上卻是相當穩定的未來發展。首先在經濟上，臺灣已由未開發到開發中，現在正朝向已開發的高所得社會前進。受高等教育不再是一項昂貴或奢侈的特權；相反的，已逐漸成爲一般人都能負擔並且有必要的「投資」。加之各類學校不斷擴充、設立，已使提受高等教育無須再擠窄門。一個有志向學的青年，只要肯用心努力，均能得到受高等教育的機會；在這樣情況下，以往強調入學的公平性，在目前似已失去具體的意義。

其次，一個多元社會所需要的人才也是多元的，而教育爲肆應多元社會的需求，也勢必朝向多元化發展。在現代社會，學校教育不應再強調共同性、整體性，而應該朝向建立自己的特殊教育風格，進而尋求發展；同時，受教育亦應該肯定個性而非抹煞個性，只有培養獨特的見識與能力後，才能夠充分配合社會多元發展的需要。所以，以往在聯考制度之下，教育中的許多令人讚揚的特點，現在不但不再令人讚揚，反而應該適當地予以修正或排除。這是我們贊成教育部對聯考制度檢討、改革的基本原因。

廢除聯考，恐怕已是時勢所趨、無法避免的事；教育的改革，需要把目標抓緊，但行動上，卻須採取漸進的手段，因爲教育畢竟是百年的事業。聯考制度在臺灣實行了數十年，已經形成了迥異於其他社會的特殊文化景觀，要立卽改變，可能會引起相當激烈的反應，所以必須謹愼將事。

我們認爲教育部在決定廢除聯考的同時，也應注意到以下數端：

一、聯考制度所強調的公平性，雖已不再重要，但基本上，公平依然具有相當的意義與價值，不可將之完全毀棄。現在，對公平一詞的解釋不妨重新加以釐清，讓各級具有特色的學校不必在制式化的教育體制下求生存，讓具有各種才幹與個性的人不再受制於一、二科他們無法通過的考試而獲得升學的機會。這是新的「公平」含義，這個意義值得發揮，值得把握。

二、在合乎教育宗旨的原則下，應允許並鼓勵各級學校或科系發展自我的特色。這一點，是教育改革基本意義之所在。基於這個認識，教育部應該從立法上入手，讓各級學校或科系可以依自己發展的需要，而設計其個別的入學方式、課程安排、教材內容，以及教師聘選等的相當權力。

三、廢除高中及大學聯考，勢必對國中及高中教學造成影響，多年來，升學領導教學已是公認的事實，取消聯考，對國中、高中的常態分班、合理教學必定有促進的效果；但國中、高中所謂的常態分班，其「常態」為何？合理教學的「合理」性又何在？這些問題因為長久以來忽略的結果，造成定義混淆，執行錯亂；現在如落實國、高中的正常教學，應該於此作較深入的檢討及研究。

四、取消聯考容易使人有教育品質將逐漸低落的顧慮。針對這點，教育部應該要求各級學校落實成績考核與嚴格的淘汰制度。高中、大學並非義務教育，故合理的淘汰制度應該存在並加以嚴格地執行，不重品質的教育，即使學校再增加，學生再衆多，對國家、社會而言，是一種無意義的人力浪費。

廢除聯考是改進我國當前教育的重要手段，但不是唯一的手段，教育部推行教育改革，要做的事極多，必須從細部規劃，整體行動。活潑的教育帶來社會蓬勃的發展，而進步的社會逼使教育朝更新的領域邁進，我們對教育當局尋求進步、尋求突破的努力表示贊許，我們期望這些具有活力的教育改革，不是片面的、局限的，而是整體的。

80・7・29

三民叢刊書目

1. 邁向已開發國家　孫　震著
2. 經濟發展啓示錄　于宗先著
3. 中國文學講話　王更生著
4. 紅樓夢新解　潘重規著
5. 紅樓夢新辨　潘重規著
6. 自由與權威　周陽山著
7. 勇往直前　石永貴著
8. 細微的一炷香　劉紹銘著
9. 文與情　琦　君著
10. 在我們的時代　周志文著
11. 中央社的故事(上)　周培敬著
12. 中央社的故事(下)　周培敬著
13. 梭羅與中國　陳長房著
14. 時代邊緣之聲　龔鵬程著
15. 紅學六十年　潘重規著
16. 解咒與立法　勞思光著
17. 對不起，借過一下　水　晶著
18. 解體分裂的年代　楊　渡著
19. 德國在那裏？(政治、經濟)　郭恆鈺・許琳菲等著
20. 德國在那裏？(文化、統一)　郭恆鈺・許琳菲等著
21. 浮生九四　蘇雪林著
22. 海天集　莊信正著
23. 日本式心靈　李永熾著
24. 臺灣文學風貌　李瑞騰著
25. 干儛集　黃翰荻著
26. 作家與作品　謝冰瑩著
27. 冰瑩書信　謝冰瑩著
28. 冰瑩遊記　謝冰瑩著
29. 冰瑩憶往　謝冰瑩著
30. 冰瑩懷舊　謝冰瑩著
31. 與世界文壇對話　鄭樹森著
32. 捉狂下的興嘆　南方朔著

三民叢刊33

猶記風吹水上鱗

余英時 著

本書以紀念錢賓四先生的文字爲主，賓四先生爲一代通儒，畢生著作無不以重發中華文化之幽光爲志。透過作者的描述，我們不僅能對賓四先生之志節與學術有深入的認識，並對民國以來學術史之發展有一概念。

三民叢刊34

形象與言語

李明明 著

藝術是以形象代替作者的言語，而在形象與言語之外，仍還有其他種種相關的問題。本書作者從藝術與時代、形式與風格、藝術與前衛、藝術與文化五個方面剖析西方現代藝術，使讀者能對藝術品本身及其相關論題有一完整的認識。

三民叢刊35

紅學論集

潘重規 著

本書爲「紅學論集」的第四本。作者向來主張《紅樓夢》一書爲發揚民族大義之書，數十年來與各方學者論辯，更堅定其主張。本書爲作者歷年來關於紅學討論文字的總結之作，也是精華之所在。

三民叢刊36

憂鬱與狂熱

孫瑋芒 著

輕狂的年少，懷憂的中年，從鄉下的眷村到大都會的臺北，從愛情到知識，作者以詩意的筆調、鋪陳豐饒的意象，表現生命進程中的憂鬱與狂熱。以純藝術表現出發，而兼及反應社會脈動，不但樹立了獨特的個人風格，也爲散文藝術開拓了新境界。

三民叢刊41
深層思考與思考深層
劉必榮 著

本書收錄作者過去三年多在中國時報所發表的社論、專欄，以及國際現場採訪報導。不僅是世紀末的歷史見證，也代表了臺灣新一代知識分子，對國際局勢的某種思考與詮釋。

三民叢刊42
瞬 間
周志文 著

在本書蒐集的短論中，作者以敏銳的觀察來分析這個急遽變化的世界，試圖找尋一些既存於人類心靈的永恒價值，這些價值並不因現象世界的崩解而全然消失，反而藉著不斷的試煉、考驗而更具體地存在。

三民叢刊43
兩岸迷宮遊戲
楊 渡 著

本書收錄作者對兩岸關係一系列的分析報導。作者以新聞記者敏銳的觀察力，探索臺灣命運與前途，並試圖帶領大家由「統獨」「兩岸關係」的迷宮中走出來。

三民叢刊44
德國問題與歐洲秩序
彭滂沱 著

近一世紀來，德國的興衰分合不僅影響了歐洲的政治秩序，也牽動了整個世局。本書以「德國問題」的本質為經，以歐洲秩序的變化為緯，探索一八七一年至一九九一年間德國與歐洲安全體系的關係。

三民叢刊37

黃昏過客

沙究 著

「為樸素心靈尋找一些普通相的句子」沙究在獲得時報短篇小說推薦獎時曾對他的寫作有如是的感言，他的作品就是最好的實踐。本書將帶領您從浮生衆相中探索人類心靈的面貌。

三民叢刊38

帶詩蹺課去

徐望雲 著

我們都或多或少的讀過現代詩，但對現代詩的了解卻很少，於是許多譁衆取寵的文字便假借現代詩的名義出現，讓「詩人」成為一種笑話。本書以輕鬆的筆調、嚴肅的心情，引導讀者更接近、更了解現代詩。

三民叢刊39

走出銅像國

龔鵬程 著

「有筆有書有肝膽，亦狂亦俠亦溫文」，身處時代之中的讀書人，傾聽時代之聲，即使漠然獨立，又豈眞無關切奮激之情？看龔鵬程如何以慷慨纏綿之筆，為當今的社會文化現象把脈，提出處斷的良方。

三民叢刊40

伴我半世紀的那把琴

鄧昌國 著

本書為作者歷年來對工作及生活的感懷之作。作者以深厚的音樂素養和經歷，娓娓細訴生命中的點點滴滴。一把琴，陪伴走過半世紀的歲月滄桑，樂音寄託壯志，也撫平了激越胸懷。

國立中央圖書館出版品預行編目資料

瞬間／周志文著.--初版.--臺北市：
三民，民81
面；　　公分.--（三民叢刊：42）
ISBN 957-14-1881-1（平裝）

1.論叢與雜著-民國67-　　（1978-
）

078　　　　　　　　　　　81004231

著　者　周志文
發行人　劉振强
著作財產權人　三民書局股份有限公司
印刷所　三民書局股份有限公司
地址／臺北市重慶南路一段六十一號
郵撥／○○○九九九八——五號
初　版　中華民國八十一年九月
編　號　S 85225
基本定價　叁元柒角捌分
行政院新聞局登記證局版臺業字第○二○○號

ISBN 957-14-1881-1（平裝）